JUMP COMICS

YU-GI-OH!

遊☆戯☆王

ゆうぎおう

迫《せま》りくる神《かみ》!!

20

高《たか》橋《はし》和《かず》希《き》

登場人物紹介《とうじょうじんぶつしょうかい》&《アンド》前巻《ぜんかん》までのあらすじ

武藤遊戯《むとうゆうぎ》

祖父《そふ》にもらった『千年《せんねん》パズル』を解《と》いたことから、闇《やみ》の力《ちから》を手《て》に入れた武藤遊戯《むとうゆうぎ》。闇《やみ》の扉《とびら》が開《ひら》かれる時《とき》、もう一人《ひとり》の遊戯《ゆうぎ》が姿《すがた》を現《あらわ》す！

闇《やみ》の力《ちから》は様々《さまざま》な敵《てき》を呼《よ》ぶ

闇《やみ》の遊戯《ゆうぎ》の力《ちから》を借《か》り、あらゆるゲームを負《ま》け知《し》らずで闘《たたか》ってきた遊戯《ゆうぎ》は、ある日《ひ》、海馬《かいば》C《コーポレーション》社長《しゃちょう》・海馬瀬人《かいばせと》と人気《にんき》カードゲーム『M&W《マジックアンドウィザーズ》』で対決《たいけつ》する事《こと》に。海馬《かいば》の卑劣《ひれつ》な闘《たたか》い方《かた》に苦《くる》しめられながらも、二度《にど》にわたる激《はげ》しい決闘《デュエル》を制《せい》したのは、遊戯《ゆうぎ》だった。リベンジに燃《も》える海馬《かいば》だったが、以後《いご》二人《ふたり》は宿命《しゅくめい》のライバルとなった。

その後《ご》、『M&W《マジックアンドウィザーズ》』の創造者《そうぞうしゃ》ペガサスの主催《しゅさい》する大会《たいかい》に参加《さんか》した遊戯《ゆうぎ》と城之内《じょうのうち》は、数々《かずかず》の強敵《きょうてき》を倒《たお》し、見事《みごと》決闘者《デュエリスト》の栄光《えいこう》と賞金《しょうきん》を手《て》に入《い》れた！ 様々《さまざま》な闘《たたか》いを経《へ》て、遊戯《ゆうぎ》と闇《やみ》の遊戯《ゆうぎ》は結束《けっそく》の力《ちから》を強《つよ》めていく。

そして海馬C《かいばコーポレーション》が主催《しゅさい》するバトル・シティが童実野町《どみのちょう》で始《はじ》まった！ 失《うしな》われた記憶《きおく》を求《もと》め、大会《たいかい》に出場《しゅつじょう》する遊戯《ゆうぎ》。そして真《しん》の決闘者《デュエリスト》をめざして城之内《じょうのうち》も参加《さんか》する！ 闇組織《やみそしき》グールズの刺客《しかく》・パンドラを苦戦《くせん》の末《すえ》倒《たお》した遊戯《ゆうぎ》だったが、確実《かくじつ》に組織《そしき》のボス・マリクが近付《ちかづ》きつつあった…。

本田《ほんだ》ヒロト
真崎杏子《まざきあんず》
城之内克也《じょうのうちかつや》
マリク
イシズ・イシュタール
海馬瀬人《かいばせと》

失《うしな》われし王《おう》の記憶《きおく》

様々《さまざま》な決闘《デュエル》のはてに、徐々《じょじょ》に明《あき》らかになった千年《せんねん》アイテムの謎《なぞ》。エジプトの地《ち》下神殿《かしんでん》に眠《ねむ》る『王《おう》の記憶《きおく》の石盤《せきばん》』に七つの千年《せんねん》アイテムが収《おさ》められた時《とき》、封印《ふういん》された王《おう》の魂《たましい》が蘇《よみがえ》る！ 互《たが》いに引《ひ》き合《あ》う性質《せいしつ》を持《も》つ千年《せんねん》アイテムは、遊戯《ゆうぎ》の千年《せんねん》パズルを軸《じく》に呼《よ》び合《あ》い、闘《たたか》いを巻《ま》き起《お》こして来《き》たが、バトル・シティですべてのアイテムが明《あき》らかになった！

バトル・シティと同《おな》じ場所《ばしょ》で開催《かいさい》された『古代《こだい》エジプト展《てん》』で、自分《じぶん》と酷似《こくじ》に描《えが》かれた王《おう》の絵《え》を見《み》た闇《やみ》の遊戯《ゆうぎ》は、自分《じぶん》がかつて王《おう》であった事《こと》を知《し》り、そこで出《で》会《あ》った六つ目《め》の千年《せんねん》アイテム所持者《しょじしゃ》・イシズの予言《よげん》に従《したが》い、最後《さいご》の千年《せんねん》アイテム所持者《しょじしゃ》と闘《たたか》う為《ため》にバトル・シティへと奔《はし》る。

幻《まぼろし》のレアカード

ペガサスの遺《のこ》した幻《まぼろし》のレアカード、幻神獣《げんしんじゅう》カードの三枚《まい》すべてを揃《そろ》えた者《もの》が、決闘王《デュエルおう》の称号《しょうごう》を得《え》ると言《い》われている。そして、古代《こだい》エジプトより伝《つた》わる『ペル・エム・フルの書《しょ》』には、王《おう》の証《あかし》は三枚《まい》の神《かみ》の石版《カード》が指《さ》し示《しめ》すと記《しる》されていた。

墓守《はかも》りの血族《けつぞく》の末裔《まつえい》・マリクは、王《おう》の犠牲《ぎせい》となった自《みずか》らの一族《ぞく》の血《ち》を憎《にく》み、復《ふく》讐《しゅう》を果《は》たす為《ため》に闇組織《やみそしき》グールズを結成《けっせい》した。そして、三枚《まい》の神《かみ》の石版《カード》を揃《そろ》え七つの千年《せんねん》アイテムを献上《けんじょう》し、自《みずか》らが王《おう》になる事《こと》を企《たくら》んでいた。千年《せんねん》アイテム・千年《せんねん》錫杖《ロッド》の力《ちから》を使《つか》って、幻神獣《げんしんじゅう》カード二枚《まい》を手中《しゅちゅう》にしたマリク。残《のこ》る一枚《まい》を持《も》つマリクの姉《あね》・イシズは、マリクが強大《きょうだい》な力《ちから》を得《え》る事《こと》を恐《おそ》れ、その一枚《まい》『オベリスクの巨神兵《きょしんへい》』を海馬《かいば》に託《たく》した。

千年《せんねん》アイテム、幻神獣《げんしんじゅう》カードをめぐって、遊戯《ゆうぎ》、海馬《かいば》、マリクがバトル・シティで大激突《だいげきとつ》！ 決闘王《デュエルおう》の称号《しょうごう》は誰《だれ》の手《て》に!? そして闘《たたか》いの果《は》てに、闇《やみ》の遊戯《ゆうぎ》の記憶《きおく》は戻《もど》るのか？

YU-GI-OH!

遊☆戯☆王《ゆうぎおう》

Vol.20

〔もくじ〕

バトル・シティ…
遊闘《バトル》170 迫《せま》りくる神《かみ》!!
それは もうひとりのボクの 記憶《きおく》をとり戻《もど》すための 闘《たたか》い……!
ククク この街《まち》には 「神《かみ》のカード」を持《も》つ 「人形《にんぎょう》」が潜《ひそ》んでいる…… せいぜい注意《ちゅうい》することだ……
SAINT DRAGON —THE GOD OF OSIRIS
★★★★★★★★★★
Everytime the opponent summons creature into the field, the point of the player's card is cut by 2000 points. X stands for the number of the player's cards in hand
ATTACK X000 DEFFENCE X000
マリクは 今《いま》どこに……
あいつの 言《い》っていた 「人形《にんぎょう》」って… 一体《いったい》……!!

遊闘《バトル》170　迫《せま》りくる神《かみ》!!

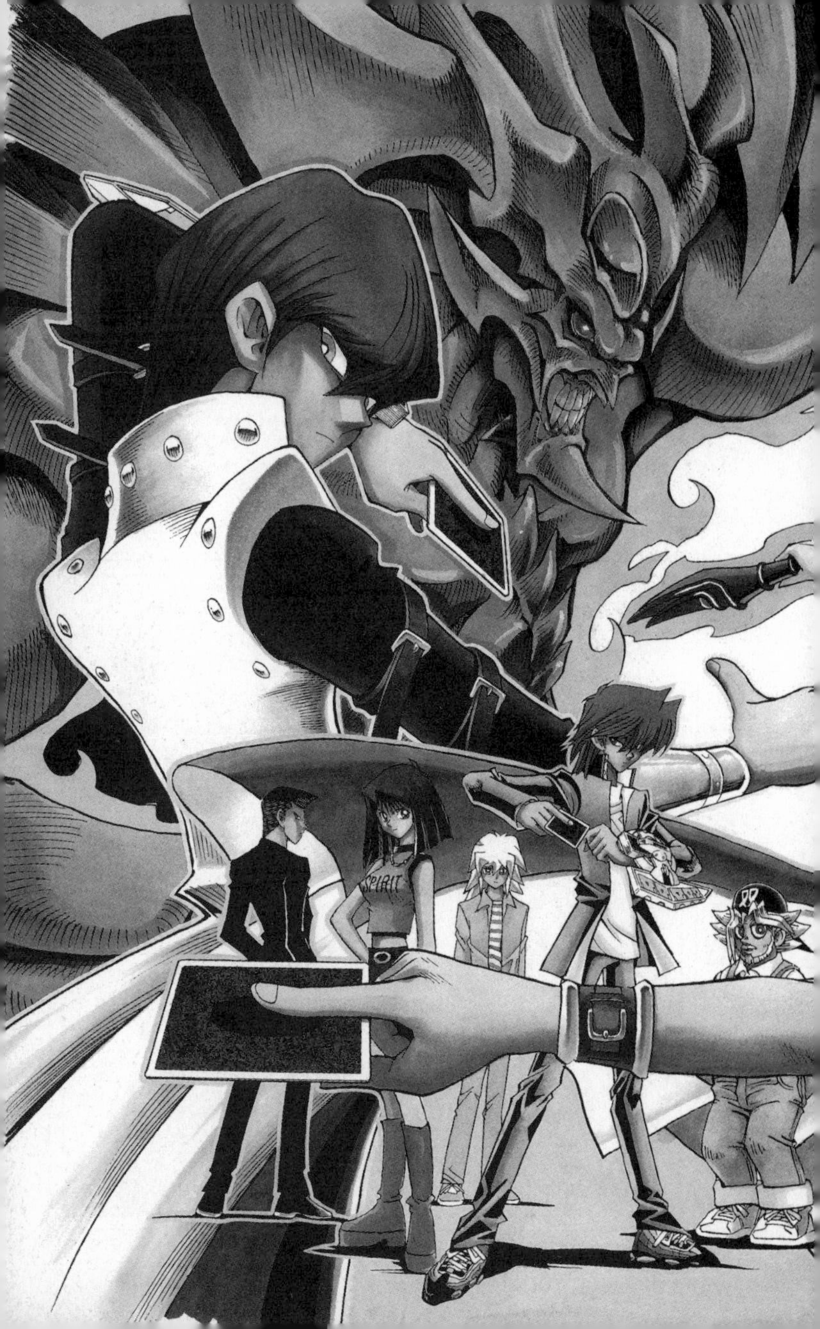
SPIRIT

海馬《かいば》コーポレーション
座標《ざひょう》入力《にゅうりょく》！
衛星《えいせい》より画像《がぞう》データを受信《じゅしん》します！
経度《けいど》緯度《いど》確認《かくにん》！

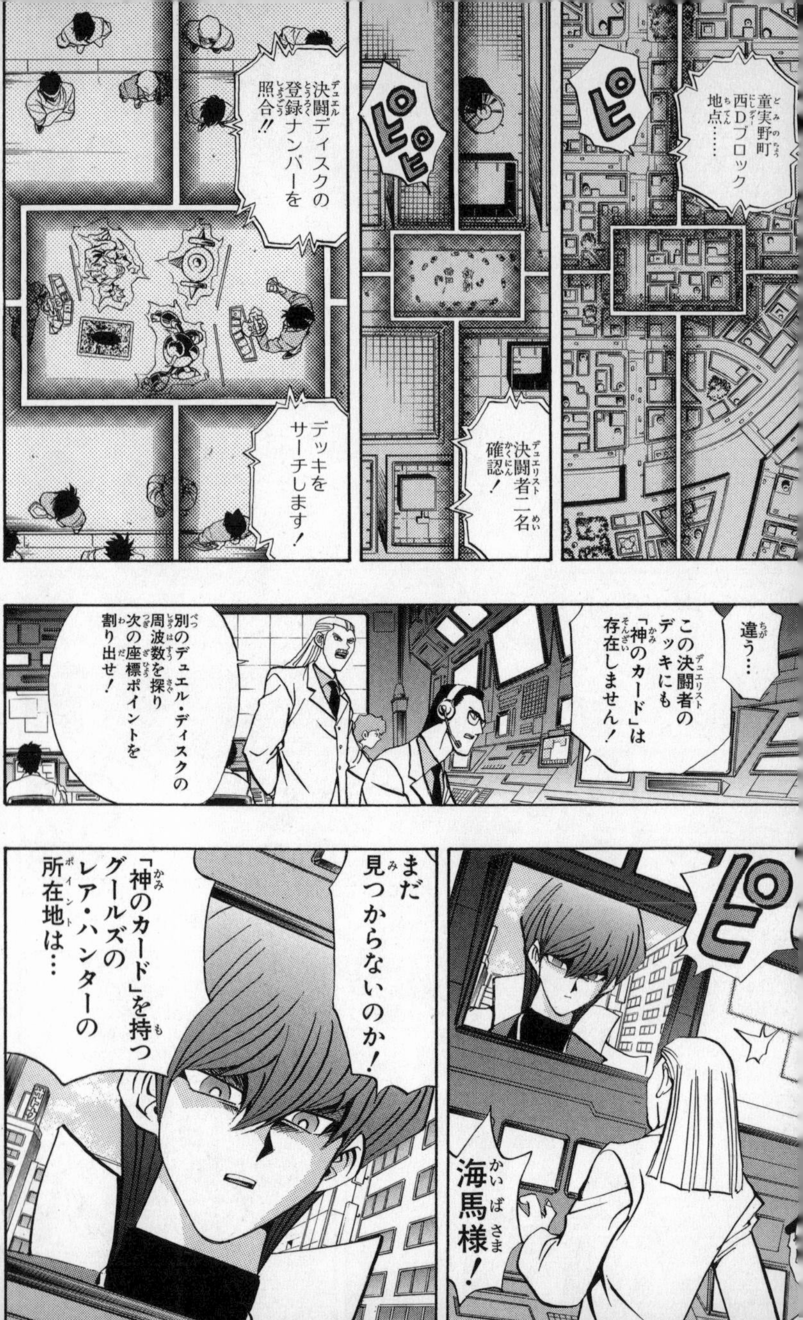
ピ
童実野町《どみのちょう》西《にし》D《ディー》ブロック地点《ちてん》……
ピピ
決闘者《デュエリスト》二名《めい》確認《かくにん》！
決闘《デュエル》ディスクの登録《とうろく》ナンバーを照合《しょうごう》!!
デッキをサーチします！
違《ちが》う……
この決闘者《デュエリスト》のデッキにも「神《かみ》のカード」は存在《そんざい》しません！
別《べつ》のデュエル・ディスクの周波数《しゅうはすう》を探《さぐ》り次《つぎ》の座標《ざひょう》ポイントを割《わ》り出《だ》せ！
ピ
海馬《かいば》様《さま》！
まだ見《み》つからないのか！
「神《かみ》のカード」を持《も》つグールズのレア・ハンターの所在地《ポイント》は……

ハ…ハイ…
街《まち》の方々《ほうぼう》に決闘者《デュエリスト》が点在《てんざい》しておりますのでサーチに時間《じかん》がかかります
やつら《グールズ》は この街《まち》のどこかに必《かなら》ず潜《ひそ》んでいるはずだ！
いずれは「オベリスクの巨神兵《きょしんへい》」を嗅《か》ぎつけ オレの前《まえ》に姿《すがた》を現《あらわ》すだろうが先手《せんて》は渡《わた》さん!!
オレがやつらを追《お》いつめる!!
見《み》つけ次第《しだい》連絡《れんらく》しろ!!いいな！
ハイ！
ネズミは まだつかまらないみたいだね兄《にい》サマ！
フ…海馬《かいば》コーポレーションのハイテク技術《ぎじゅつ》を使《つか》えばやつら《グールズ》を捕《とら》えるのは時間《じかん》の問題《もんだい》だ！
我《わ》が社《しゃ》のゲーム・ネットワーク用《よう》通信衛星《つうしんえいせい》にはNAS《ナース》の軍事用《ぐんじよう》地上監視《ちじょうかんし》システムも搭載《とうさい》しているのだ！

へへ!
やつらも まさか 空《そら》の上《うえ》から 網《あみ》を張《は》られている とは 思《おも》っても 見《み》ないだろーぜ!
クク…
この大会《たいかい》の開催《かいさい》こそが オレの仕掛《しか》けた 罠《トラップ》だからな!
グールズ共《ども》!! オレが必《かなら》ず 残《のこ》る二枚《まい》の 神《ゴッド》カードを 手《て》に入《い》れる!!
ドドド
いくぞ モクバ!
ゴオオォ
オォ

PM1：07
尾瀬呂港《おせろこう》——
（童実野町《どみのちょう》より東《ひがし》80km地点《ちてん》）
お待《ま》ちしておりました
マリク様《さま》
準備《じゅんび》はできているな
ハイ！
これが決闘盤《デュエル・ディスク》です！
……
へ——
ワリと軽《かる》いんだね…

しかし…
マリク様《さま》が自《みずか》らバトル・シティに出向《でむ》かれるとは…
街《まち》には腕《うで》のたつレア・ハンターも待機《たいき》しておりますが……
ボクに言《い》う前《まえ》にまず こいつを説得《せっとく》してくれないか!
「神《かみ》のカード」の入《はい》ったこのデッキに!
フフ…
それに…
ジっとしていると自分《じぶん》が決闘者《デュエリスト》であることを忘《わす》れてしまいそうでね!

童実野町《どみのちょう》まではここから1時間《じかん》ほどの距離《きょり》かと…
ン…
なら40分《ぷん》だな…
現在《げんざい》の遊戯《ゆうぎ》の所在地《ポイント》は……?
E地区《イーブロック》地点《ちてん》を西《にし》に進《すす》んでいます
あまり彼《かれ》らを待《ま》たせて 退屈《たいくつ》な時間《じかん》を与《あた》えても可哀相《かわいそう》だしな…
バトル・シティ《童実野町》に到着《とうちゃく》するまでボクが一戦《せん》相手《あいて》をしてやるか…
人形《にんぎょう》を動《うご》かすのですか!
ああ…
そのために二日間《ふつかかん》 街《まち》の真ン中《まなか》に設置《せっち》しといたんだからな
オレが今《いま》から人形《にんぎょう》に入《はい》って遊戯《ゆうぎ》と闘《たたか》う!
フフ…

遊戯《ゆうぎ》……いよいよだな……
千年《ミレニアム》の闘《バトル》いの始《はじ》まりだ!!
同時刻《どうじこく》――
童実野公園《どみのこうえん》
このパントマイマーさ二日間《ふつかかん》で街《まち》の名物《めいぶつ》になっちゃったんだよ!
動《うご》け!

!
ねえ…今《いま》動《うご》いた！
ウソ…
ホントだって！
…!?
ヒ……
走《はし》れ！

遊戯《ゆうぎ》の元《もと》へ……
……！
な…何《なん》だ…ありゃ…
ドドドドド
ドド
ドド
寡黙《かもく》な人形《にんぎょう》……

どうしても わからないよ ……
人形《にんぎょう》って 一体《いったい》…何《なん》の ことなのか…
敵《てき》の姿《すがた》が 見《み》えない以上《いじょう》 今《いま》は待つしかない!
ボクは…じっとなんか してられないよ!
やつら《グールズ》は こうしてる間《あいだ》にも 君《きみ》の命《いのち》を狙《ねら》おうと している!
君《きみ》が大切《たいせつ》なものを とり戻《もど》そうとしているのに… 絶対許《ぜったいゆる》せない…!
………
相棒《あいぼう》……

ボクは知《し》ってるよ…
このバトル・シティで君《きみ》が何《なに》を求《もと》めて闘《たたか》っているかを
……
それは君自身《きみじしん》の記憶《きおく》…
そうだよね…
!!
ボクにはわからなかった最初《さいしょ》…
どうして君《きみ》がレアカードしか手《て》に入《はい》らないこの大会《たいかい》に出《で》ようとしたのかが…
でも君《きみ》は本当《ほんとう》に大切《たいせつ》なものを追《お》い求《もと》めていたんだね!
でも安心《あんしん》して…
ボクも力《ちから》を貸《か》すよ!
一緒《いっしょ》に闘《たたか》う!

だって…
君《きみ》の記憶《きおく》をとり戻《もど》すのはボクの役目《やくめ》でもあるんだ!!
役目《やくめ》…!?
ボクは小《ちい》さい頃《ころ》から何年《なんねん》もかかって千年《せんねん》パズルを完成《かんせい》させた…
そして君《きみ》っていう大切《たいせつ》な心《こころ》と出会《であ》うことができた…
友達《ともだち》もできず弱《よわ》い存在《そんざい》だったボクに勇気《ゆうき》をくれたんだ!!
親友《しんゆう》がほしい……
どんな時《とき》でもうらぎらない……そしてうらぎられない
親友《しんゆう》…!!

今《いま》…ボクにはたくさんの仲間《なかま》がいる！
あの時《とき》の願《ねが》いを君《きみ》がかなえてくれたから……
それはお前《まえ》が自分《じぶん》の力《ちから》でかなえたんだぜ…
ボクは…君《きみ》が今《いま》のままボクの心《こころ》の中《なか》にずーっといてほしいと思《おも》ってるよ…
でもそれはボクが君《きみ》に甘《あま》えているからなのかもしれない
もう一人《ひとり》のボクの強《つよ》さとしておきたいばかりに心《こころ》にしまって君《きみ》を閉《と》じ込《こ》めてしまってるのかも知《し》れない…
でも…
いつも守《まも》ってもらってばかりじゃダメなんだ！

だから今度《こんど》は
ボクが
君《きみ》の願《ねが》いを
かなえる番《ばん》だ！
記憶《きおく》を
とり戻《もど》したいという
君《きみ》の願《ねが》いを…
!!
グ
ありがとう…
相棒《あいぼう》！
!!

!!
ドドドドド
何《な》か来《く》る!
ドン
お前《まえ》は……!!
ズズ

レア・ハンター……!!
ズ
ズ
そう…こいつがお前《まえ》と闘《たたか》う人形《にんぎょう》……
ボクが操《あやつ》る人形《にんぎょう》だよ!! 遊戯《ゆうぎ》…!
ド
ド
ド
オシリスの天空竜《てんくうりゅう》を持《も》つね……!!
!!

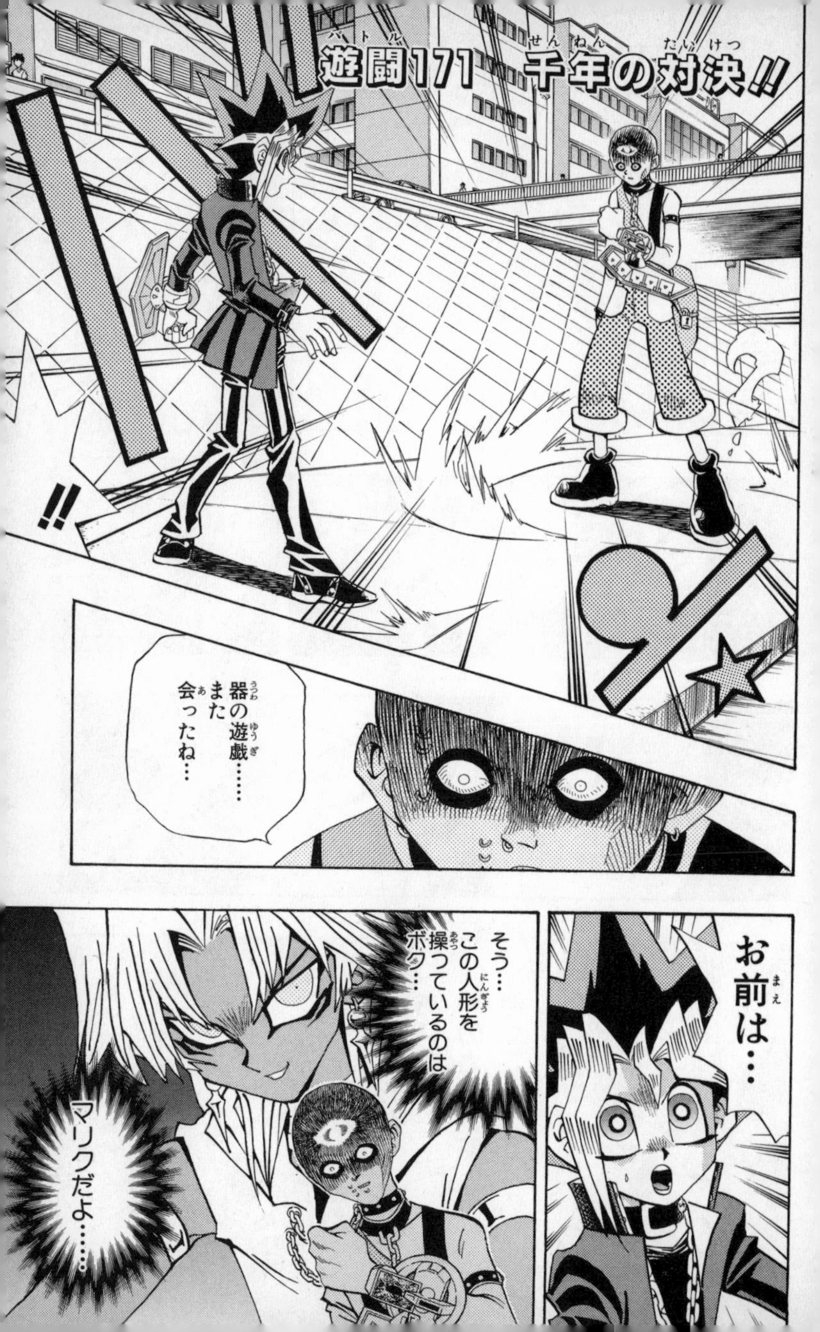
遊闘《バトル》171　千年《せんねん》の対決《たいけつ》!!
!!
器《うつわ》の遊戯《ゆうぎ》……また会《あ》ったね…
お前《まえ》は…
そう…この人形《にんぎょう》を操《あやつ》っているのはボク…
マリクだよ……

マリク!!
これは千年《せんねん》の時《とき》を超《こ》えた闘《たたか》いだ!
器《うつわ》の方《ほう》は引《ひ》っ込《こ》んでてもらおうか…
!
運命《うんめい》に導《みちび》かれた闘《たたか》いなら避《さ》けることはできない……
気《き》をつけて!
あいつは神のカード《オシリスの天空竜》を持《も》っている!!
なら…

神《そいつ》を倒《たお》す!!
遊闘《バトル》171 千年《せんねん》の対決《たいけつ》!!

ドドド
そう… それでいい…
貴様《きさま》こそが千年《せんねん》の標的《ひょうてき》！
ドドド
クク… ずいぶんと粗末《そまつ》な人形《にんぎょう》だな マリク…
そんな野郎《やろう》に神《かみ》のカードを持《も》たせてるとはな！
このパントマイマーは親殺《おやごろ》しの自責《じせき》の念《ねん》で今《いま》も心《こころ》の牢獄《ろうごく》のスミでうずくまってる
まぁ 感情《かんじょう》と呼《よ》べるものは ないに等《ひと》しいカラッポの器《うつわ》さ！
だがボクにとってはこの上《うえ》ない戦闘兵器《せんとうへいき》だけどね

貴様《きさま》は千年《せんねん》アイテムの力《ちから》を利用《りよう》し人々《ひとびと》を洗脳《せんのう》していく……
許《ゆる》せねえぜ！
人間《にんげん》の精神《せいしん》や脳《のう》の構造《こうぞう》などもろいものでね……
例《たと》えばたかが書物《しょもつ》の活字《かつじ》に影響《えいきょう》され人《ひと》は頭《あたま》の中《なか》に別《べつ》の人物《じんぶつ》を創造《そうぞう》する
神《かみ》を創《つく》り上《あ》げる奴《やつ》もいる……
想像力《イマジネーション》というやつは時《とき》に精神《せいしん》をむしばむ……
記憶《きおく》が創《つく》り上《あ》げた「神《かみ》」が圧倒的《あっとうてき》なカリスマと支配力《しはいりょく》を持《も》ち合《あ》わせた時《とき》人《ひと》は簡単《かんたん》に操《あやつ》られてしまうのさ！
それが千年杖《せんねんロッド》の力《ちから》！
所有者《ボク》の精神力《せいしんりょく》が相手《あいて》の記憶《きおく》を完全《かんぜん》に支配《しはい》してしまうんだよ！
この決闘《デュエル》でボクが勝《か》ったらこの人形《にんぎょう》は貴様《きさま》を殺《ころ》す
そうプログラムしてある…

どこに逃《に》げようが この人形《にんぎょう》は お前《まえ》を 殺《ころ》すまで どこまでも 追《お》い続《つづ》ける…
どこまでもな… フフ…
………
果《は》たして 貴様《きさま》に オレが 倒《たお》せるかな…
勝《か》つのは ボクさ… 遊戯《ゆうぎ》
貴様《きさま》を亡《な》きものにした後《あと》 ボクは この街《まち》で 海馬《かいば》の持《も》つ最後《さいご》の 神《かみ》のカードを 手《て》に入《い》れる！
三枚《まい》の 神《かみ》のカードは ボクに王《おう》の称号《しょうごう》を 与《あた》え……
同時《どうじ》に 千年《せんねん》の呪縛《じゅばく》から ボクを解《と》き放《はな》つ!!
ドドドド
その時《とき》ボクは 自由《じゆう》を手《て》にする ことができるんだ!!

オレは負《ま》けるわけにはいかない!
自分《じぶん》自身《じしん》の失《うしな》われた記《き》憶《おく》をとり戻《もど》すためにこの闘《たたか》いを制《せい》するぜ!
互《たが》いのデッキをシャッフル!!
デッキを決闘盤《デュエル・ディスク》にセットオン!!
ライフカウンター四〇〇〇!!

決闘《デュエル》!!
ドドド
先攻《せんこう》ドロー!
バッ
いくぞ!!

バッ
リバース・カード セット！
ヒューマノイド・スライム
★★★★
攻撃力《こうげきりょく》 800
守備力《しゅびりょく》 2000
「ヒューマノイド・スライム」を攻撃表示《こうげきひょうじ》!!
そして
攻撃力《こうげきりょく》がたかが八〇〇ポイントのヒューマノイド・スライムを攻撃表示《こうげきひょうじ》…!?
確実《かくじつ》にオレの攻撃《こうげき》を誘《さそ》っている！リバースカードの罠《トラップ》にハメるために…!!
ターンエンド!!

オレのターン！
ドロー!!
やはりこのターンは攻撃《こうげき》できない……!!
だが……
罠《トラップ》には罠《トラップ》!!
リバース・カードを一枚《まい》場《フィールド》に出《だ》し！
幻獣王《げんじゅうおう》ガゼルを攻撃表示《こうげきひょうじ》に！
幻獣王《げんじゅうおう》ガゼル ★★★★
攻撃力《こうげきりょく》 1500
守備力《しゅびりょく》 1200

ターン エンドだ！
攻撃《こうげき》して来《こ》ないとは ずいぶんと 慎重《しんちょう》だな…
いや… 「臆病《おくびょう》」と 言《い》い替《か》える べきか…
それでは ボクに 勝《か》つことは できないな…
せめて 「オシリス《神のカード》」を その目《め》で見てから 死《し》んでくれよな… 遊戯《ゆうぎ》…！
ククク…
ボクのターン!!

ワームドレイク
ドドドドド
ワームドレイク ★★★★
攻撃力《こうげきりょく》 1400
守備力《しゅびりょく》 1500
さらに手札《てふだ》から
魔法《マジック》カードを
出《だ》させてもらう
融合《ゆうごう》!!
融合《ゆうごう》
!!
ゴゴ

ゴゴ
ゴゴ
融合《ゆうごう》モンスター「ヒューマノイド・ドレイク」召喚《しょうかん》!!
融合《ゆうごう》!
ヒューマノイド・スライム ★★★★ 攻撃力《こうげきりょく》 800 守備力《しゅびりょく》 2000
ワームドレイク ★★★★ 攻撃力《こうげきりょく》 1400 守備力《しゅびりょく》 1500
ヒューマノイド・ドレイク 攻撃力《こうげきりょく》 2200
攻撃力《こうげきりょく》二二〇〇!!
モンスター二体《たい》を融合《ゆうごう》させ一気《いっき》に攻撃力《こうげきりょく》を上《あ》げてきたか!
だがー 融合《ゆうごう》したモンスターは一ターン待《ま》たなければ攻撃《こうげき》に移《うつ》れない!
それはどうかな… 遊戯《ゆうぎ》…

なに…!!
ボクの場《フィールド》の
リバース・カード《伏せカード》
そう…
お前《まえ》が「罠《トラップ》」と予測《よそく》し警戒《けいかい》したカード…
これは罠《トラップ》カードじゃないんだよ…
フフ…
!!
リバース・カードオープン!!
速攻《そっこう》
(魔法《まほう》カード)
融合《ゆうごう》モンスターは融合《ゆうごう》したターンに攻撃《こうげき》できる!
速攻《そっこう》!!
あのカードは融合《ゆうごう》モンスターに速攻《そっこう》の能力《のうりょく》を与《あた》えこのターンの攻撃《こうげき》を可能《かのう》にする!!

ボクは相手《あいて》のターンを恐《おそ》れない…
次《つぎ》の自分《じぶん》のターンでいかに相手《あいて》を攻《せ》め込《こ》むかで戦略《せんりゃく》をたてるタイプでね…
お前《まえ》のように一枚《まい》の伏《リバース》せカードにビビっちまう臆病決闘者《おくびょうデュエリスト》とは違《ちが》うんだよ！
!!
ヒューマノイド・ドレイクの攻撃《こうげき》!!
ヒューマノイド・ドレイク
攻撃力《こうげきりょく》
2200
幻獣王《げんじゅうおう》ガゼル
攻撃力《こうげきりょく》
1500

フ…
!!
マリク…貴様《きさま》が最初《さいしょ》に場《フィールド》に出《だ》した「ヒューマノイド・スライム」は融合系《ゆうごうけい》モンスターであることは すぐにわかったぜ！
「生贄召喚《いけにえしょうかん》」より「融合召喚《ゆうごうしょうかん》」の方《ほう》がターンを費《つい》やさず攻撃力《こうげきりょく》の高《たか》いモンスターを場《フィールド》に出《だ》せるからな…
………
融合《ゆうごう》を読《よ》んでいた……!!
ああ…
リバース・カードオープン!!

融合解除《ゆうごうかいじょ》
〈罠《トラップ》・魔法《まほう》カード〉
融合《ゆうごう》モンスター1体《たい》を
分離《ぶんり》させ このターンの
攻撃《こうげき》を無効化《むこうか》する
融合《ゆうごう》解除《かいじょ》!!

そして幻獣王《げんじゅうおう》ガゼルの迎撃《げいげき》!!
ヒューマノイド・スライム
攻撃力《こうげきりょく》
800
幻獣王《げんじゅうおう》ガゼル
攻撃力《こうげきりょく》
1500
ドドドドド
オオオオ
ドゴゴ
ヒューマノイド・スライムを破壊《はかい》!!

く……
マリク
ライフポイント 3300
さあ マリク…
次《つぎ》の戦略《せんりゃく》をたてな!
だが…
オレは さらに次《つぎ》を読《よ》むぜ!
フ……
楽《たの》しいよ… 遊戯《ゆうぎ》…

ズズ
モンスター融合《ゆうごう》での攻撃《こうげき》を読《よ》んでいたとはね…
遊闘《バトル》172 悪夢召喚《あくむしょうかん》
楽《たの》しませてくれるね…遊戯《ゆうぎ》…

オレのライフを削《けず》るには…
浅《あさ》いぜ!! 戦略《せんりゃく》がな…
マリク!
今《いま》のターンは小石《こいし》を投《とう》じただけさ…
どのくらいの波紋《はもん》が広《ひろ》がるか…
決闘者《デュエリスト》としての器《うつわ》の量《りょう》を測《はか》るためにね…
その程度《ていど》じゃ波《なみ》もたたねぇな!
フフ…
戦術《せんじゅつ》とは決闘者《デュエリスト》という器《うつわ》に注《そそ》がれた水《みず》に譬《たと》えることができる
水《みず》は器《うつわ》によってさまざまに形《かたち》を変《か》える…
器《うつわ》も浅《あさ》ければ底《そこ》も見透《みす》かせる……
遊戯《ゆうぎ》…
噂通《うわさどお》り…なかなかの器量《きりょう》と…
深《ふか》さを持《も》った決闘者《デュエリスト》だよ!

だが
ボクの隠《かく》し持《も》つ
巨石《きょせき》を投《とう》じたら…
その器《うつわ》ごと
破壊《はかい》するよ！
オシリスの
天空竜《てんくうりゅう》……
神《かみ》の名《な》を
持《も》つ巨石《きょせき》をね
……
マリク
ライフポイント 3300
遊戯《ゆうぎ》
ライフポイント 4000
決闘《デュエル》続行《ぞっこう》だ！
遊戯《ゆうぎ》！
おう！

バッ
いくぜ
オレのターン!
よし! このターンでモンスターを一体《たい》場《フィールド》に出《だ》し!
次《つぎ》のターンで上級《じょうきゅう》モンスターを生贄召喚《いけにえしょうかん》だ!
バスター・ブレ
相手《あいて》の場《フィールド》のド
1体につき
500ポイント
上げる
2600
2300
磁石の戦士《マグネット・ウォリアー》β《ベータ》召喚《しょうかん》!!
磁石の戦士β
α・β・γの組《く》み合《あ》わせで
変形合体《へんけいがったい》する
攻撃力《こうげきりょく》1700
守備力《しゅびりょく》1600
戦闘《バトル》フェイズ!

ガゼルの攻撃《こうげき》でワームドレイクを破壊《はかい》！
ワームドレイク
攻撃力《こうげきりょく》
1400
幻獣王《げんじゅうおう》ガゼル
攻撃力《こうげきりょく》
1500
ターンエンド！
マリク
ライフポイント 3200
今《いま》の攻撃《こうげき》で奴《やつ》の場《フィールド》のモンスターはすべて消《き》えた！
この決闘《デュエル》オレが完全《かんぜん》有利《ゆうり》にたった！

追《お》いつめられてるのはお前《まえ》の方《ほう》だよ
遊戯《ゆうぎ》！
ボクのターン！
ドロー！
遊戯《ゆうぎ》…さっきボクは戦術《せんじゅつ》を水《みず》に譬《たと》えたよな…
今《いま》からその究極《きゅうきょく》の戦術《せんじゅつ》を見《み》せてやろう…
水《みず》は時《とき》に形《かたち》を持《も》たぬ盾《たて》となりどんな攻撃《こうげき》をも受《う》け流《なが》し！
時《とき》に形《かたち》を成《な》し敵《てき》をつらぬく剣《けん》にもなる…
その強《つよ》さを秘《ひ》めたモンスターがこいつだ！

リバイバルスライム召喚《しょうかん》
リバイバルスライム!?
リバイバルスライム ★★★★
リバイバルスライムは再生能力《さいせいのうりょく》を持《も》つ
攻撃力《こうげきりょく》1500
守備力《しゅびりょく》500
守備表示《しゅびひょうじ》!
さらに!
フィールドカード「スライム増殖炉《ぞうしょくろ》」!!
スライム増殖炉《ぞうしょくろ》
(フィールド魔法《まほう》)
ターンごとに攻撃力《こうげきりょく》500のスライムを1体生み出す スライム増殖炉《ぞうしょくろ》が場《フィールド》にある限《かぎ》り他《ほか》のモンスターは召喚《しょうかん》できない
ゴゴゴ

スライム増殖炉《ぞうしょくろ》!!
ゴゴゴ
こいつはね ターンごとに スライムを一体《たい》 生《う》み出《だ》す装置《そうち》さ!
この装置《そうち》が場《フィールド》に ある限《かぎ》り スライム以外《いがい》の モンスターを 召喚《しょうかん》することは できなくなるけどね…
ゴゴゴ
奴《マリク》の狙《ねら》いは…
場《フィールド》に生贄《いけにえ》スライムを 増《ふ》やし 最上級《レベルMAX》モンスターを 召喚《しょうかん》するつもりだ
そう…
星《ほし》十個《こ》の 神《かみ》のカードを 召喚《しょうかん》するには モンスター三体《たい》の 生贄《いけにえ》が 必要《ひつよう》なのでね…

……！
神《かみ》のカード
オシリス……
未知《みち》なる能力《のうりょく》を秘《ひ》めた究極《きゅうきょく》モンスター
まさか
すでに奴《やつ》の手札《てふだ》に
そのカードが
あるのか……
場《フィールド》に出《だ》される前《まえ》に
マリクのライフを0にするしか
ない……
無駄《むだ》だな……
すでに神降臨《かみこうりん》の必殺《ひっさつ》コンボは完成《かんせい》している……
お前《まえ》に残《のこ》されたターンは
……

三ターンだ…
SAINT DRAGON
-THE GOD OF OSIRIS
ATTACK X000
DEFFENCE X000
オレのターン!!
場《フィールド》の四ツ星《ぼし》モンスター
二体《たい》を生贄《いけにえ》にしー!
ブオオオ
!
生贄《いけにえ》
召喚《しょうかん》か!

竜《りゅう》破壊《はかい》の剣士《けんし》
バスター・ブレイダー!!
バスター・ブレイダー
★★★★★★★★
相手《あいて》の場《フィールド》のドラゴン１体《たい》につき
500ポイント攻撃力《こうげきりょく》を上げる
攻撃力《こうげきりょく》 2600
守備力《しゅびりょく》 2300
ドラゴン族《ぞく》を
抹殺《まっさつ》する 伝説《でんせつ》の剣士《けんし》
バスター・ブレイダー!!
リバイバル
スライムに攻撃《こうげき》だ!!

破《は》壊《かい》剣《けん》一《いっ》閃《せん》!!
よし! リバイバルスライムを倒《たお》した!!
!!
フフ…

なに…!!
バラバラになったスライムの断片《パーツ》が再《ふたた》びくっつき合《あ》い…
元《もと》の形《かたち》に!
リバイバルスライムの持《も》つ再生能力《さいせいのうりょく》さ!!
形状《けいじょう》を記憶《きおく》する水《みず》のように殺《や》られてもすぐ再生《さいせい》し何度《なんど》でも場《フィールド》に戻《もど》って来《く》る…
再生能力《さいせいのうりょく》!!
言《い》っただろ…
形《かたち》を持《も》たない無敵《むてき》の盾《たて》…
こいつが場《フィールド》にいる限《かぎ》りお前《まえ》のモンスターの攻撃《こうげき》はボクには届《とど》かない…

ボクのターン…
ゴゴゴゴ
スライム増殖炉《ぞうしょくろ》発動《はつどう》!!
スライム一体《たい》誕生《たんじょう》!!
ポーン
スライム
攻撃力《こうげきりょく》
500
く……
場《ば》に生贄《いけにえ》スライムをふやされる前《まえ》に倒《たお》さなければ…!
増殖炉《ぞうしょくろ》で生成《せいせい》されたスライムは攻撃力《こうげきりょく》五〇〇の弱《よわ》いモンスターだ…
こいつを狙《ねら》われるとボクのライフを大幅《おおはば》に削《けず》られる恐《おそ》れがある…
!
そこで念《ねん》には念《ねん》を入《い》れ…
魔法《マジック》カード……

悪夢《あくむ》の鉄檻《てつおり》!!
悪夢《あくむ》の鉄檻《てつおり》
(魔法《まほう》カード)
悪夢《あくむ》の鉄檻《てつおり》に閉《と》じ込められたプレイヤーは3ターンの間攻《あいだこう》撃《げき》を封《ふう》じられまた敵《てき》の攻撃《こうげき》も受《う》けない
!!
悪夢《あくむ》の鉄檻《てつおり》!!
悪夢《あくむ》の鉄檻《てつおり》は三ターンの間《あいだ》…お互《たが》いの攻撃《こうげき》を封《ふう》じるのさ！
しまった…！奴《マリク》は三ターンの間《あいだ》に生贄《いけにえ》スライムを場《フィールド》に増《ふ》やすのが狙《ねら》い!!
そう…戦闘《バトル》フェイズはなくなるが 場《フィールド》にモンスターを増《ふ》やすことはできるからね！

スライム増殖炉《ぞうしょくろ》発動《はつどう》!!
次《つぎ》のターンで三体《たい》の生贄《スライム》が揃《そろ》う……
ククク…
く……
すでに奴《やつ》の手札《てふだ》に神《かみ》のカードがある……
オシリスを召喚《しょうかん》される……!!
どうだ遊戯《ゆうぎ》…
鉄檻《てつおり》の中《なか》で自由《じゆう》を奪《うば》われた気分《きぶん》は……
屈辱《くつじょく》…!?
絶望《ぜつぼう》…!?
悲嘆《ひたん》…!?
それがボクの背負《せお》わされた宿命《しゅくめい》……!!
墓守《はかも》りの一族《いちぞく》のな!!

貴様《きさま》への復讐《ふくしゅう》を遂《と》げた時《とき》
ボクは真《しん》の自由《じゆう》を手《て》にするんだ!!
オレは…負《ま》けられない……
相棒《あいぼう》の命《いのち》…!!
そして オレ自身《じしん》の記憶《きおく》を永遠《えいえん》に失《うしな》うわけにはいかない!!
今《いま》 三体《たい》の生贄《スライム》が揃《そろ》った!!
!!
ゴゴゴゴ
増殖炉《ぞうしょくろ》を破壊《はかい》し生贄《いけにえ》召喚《しょうかん》!!
遊戯《ゆうぎ》…見《み》るがいい…
これがオシリス《神》だ…

ゴ
ゴ
!!

ドドド
オシリスの天《てん》空《くう》竜《りゅう》!!

遊闘《バトル》173　絶望《ぜつぼう》のコンボ!!
オシリス降臨《こうりん》!!

オシリスの天空竜《てんくうりゅう》…!!
そう…これが三幻《げん》神《しん》カードのひとつ!!
オシリス《神》の姿《すがた》だ!!
遊闘《バトル》173
絶望《ぜつぼう》のコンボ!!

SAINT DRAGON
–THE GOD OF OSIRIS
★★★★★★★★★★
Everytime the opponent summons creature into the field, the point of the player's card is cut by 2000 points.
X stands for the number of the player's cards in hand.
ATTACK
X000
DEFFENCE
X000
く…!!
グオオオ
オレの体《からだ》の自由《じゆう》がきかないのはこの鉄檻《てつおり》のせいだけじゃない……
オシリスからほとばしる凄《すさ》まじいオーラに未《いま》だかつてない戦慄《せんりつ》を感《かん》じているからだ！
この天地《てんち》をも揺《ゆ》るがす幻神獣《げんしんじゅう》を倒《たお》す手段《しゅだん》はあるのか…!!
ない…
倒《たお》す方法《ほうほう》などないね！
オシリスの無限《むげん》の攻撃力《こうげきりょく》の前《まえ》にはどんな決闘者《デュエリスト》も無力《むりょく》と化《か》す！
遊戯《ゆうぎ》…貴様《きさま》といえどもな…

無限《むげん》の力《パワー》…!!
オシリスの天空竜《てんくうりゅう》の攻撃力《こうげきりょく》はプレイヤーの手札《てふだ》の数《かず》×一〇〇〇ポイント……
今《いま》手元《てもと》には三枚《まい》のカードがある…
つまり攻撃力《こうげきりょく》は三〇〇〇ポイントということになる…
攻撃力《こうげきりょく》が手札《てふだ》の数《かず》によって決定《けってい》するだと!!
次《つぎ》のターンのドローフェイズで四〇〇〇!!
マジック&《アンド》ウィザーズのルールではプレイヤーは手札《てふだ》を最大《さいだい》七枚《まい》まで持《も》つことができる!!
つまりオシリスの天空竜《てんくうりゅう》は最大《さいだい》七〇〇〇ポイントの攻撃力《こうげきりょく》を備《そな》えることが可能《かのう》!!
遊戯《ゆうぎ》…ボクは無限《むげん》の力《ちから》と言《い》ったんだ…
ボクの手札《てふだ》にはさらに攻撃力《こうげきりょく》を上《あ》げるカードがあるんだよ…

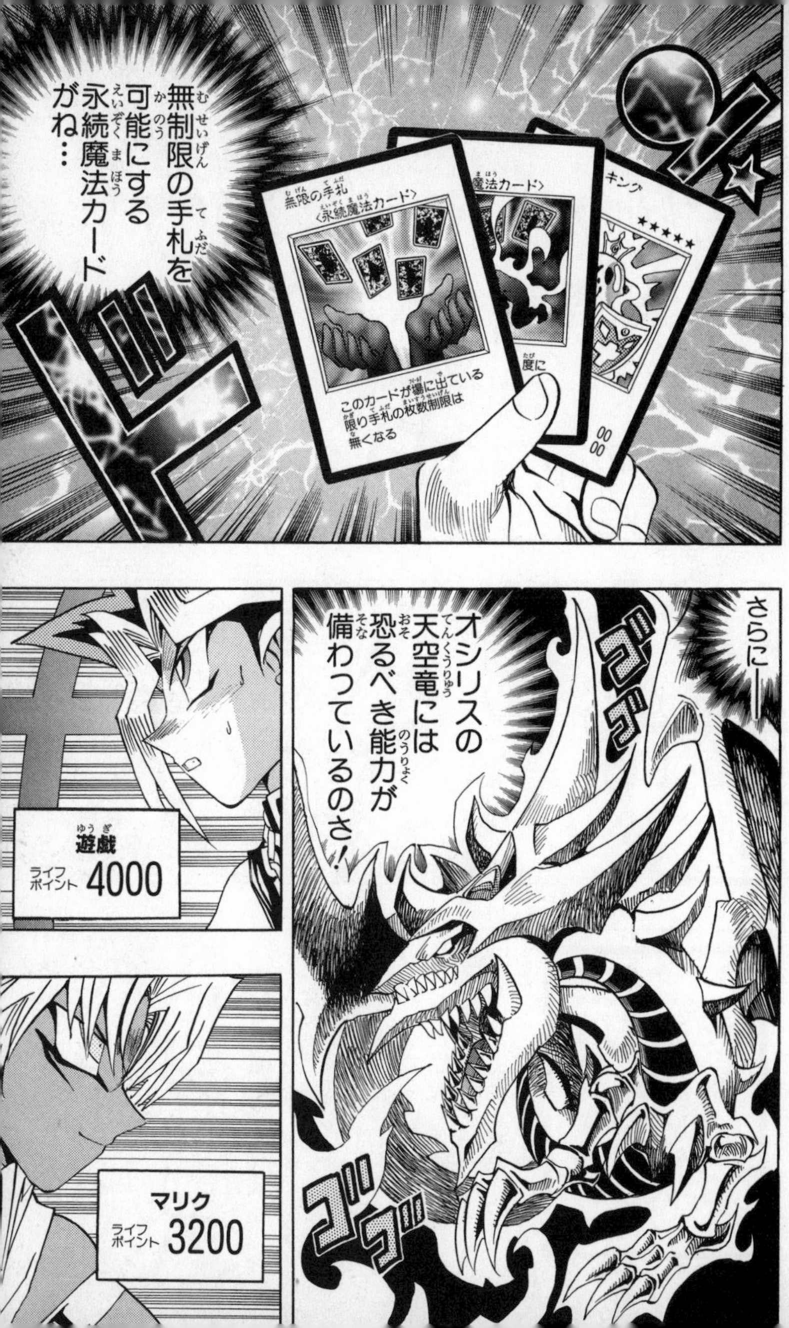

無制限《むせいげん》の手札《てふだ》を可能《かのう》にする永続魔法《えいぞくまほう》カードがね…
無限《むげん》の手札《てふだ》
〈永続魔法《えいぞくまほう》カード〉
このカードが場《ば》に出《で》ている限り手札《てふだ》の枚数制限《まいすうせいげん》は無《な》くなる
魔法《まほう》カード〉
キング
度《たび》に
さらにー
オシリスの天空竜《てんくうりゅう》には恐《おそ》るべき能力《のうりょく》が備《そな》わっているのさ!
ゴゴゴ
遊戯《ゆうぎ》
ライフポイント 4000
マリク
ライフポイント 3200
ゴゴ

次《つぎ》の貴様《きさま》のターン終了後《しゅうりょうご》に鉄檻《てつおり》は消《き》える……
ドドド
その瞬間《しゅんかん》オシリスの攻撃《こうげき》が貴様《きさま》を襲《おそ》うことになるぞ……
さあ遊戯《ゆうぎ》!!
貴様《きさま》のターンだ!!
グオオオオオ
く……
今《いま》 オシリスの攻撃力《こうげきりょく》は三〇〇〇!!
オレの場に出《で》ている「バスター・ブレイダー」は相手《あいて》フィールドのドラゴン一体《たい》につき五〇〇ポイントの攻撃力《こうげきりょく》を上《あ》げる
バスター・ブレイダー
★★★★★★★★
相手《あいて》の場《フィールド》のドラゴン1体《たい》につき500ポイント攻撃力《こうげきりょく》を上《あ》げる
攻撃力《こうげきりょく》 2600
守備力《しゅびりょく》 2300

つまりバスター・ブレイダーの攻撃力《こうげきりょく》は三一〇〇!!
バスター・ブレイダー
攻撃力《こうげきりょく》
3100
今《いま》攻撃《こうげき》できればオシリスを倒《たお》すことができる…
だが…このターンは鉄檻《てつおり》によって攻撃《こうげき》は封《ふう》じられている
次《つぎ》のターンで奴《やつ》がカードを引《ひ》けばオシリスはさらに攻撃力《こうげきりょく》を一〇〇〇ポイント上《あ》げる…
どうした遊戯《ゆうぎ》…
身《み》も凍《こお》る恐怖《きょうふ》にカードを引《ひ》くこともできないのかい?
鉄檻《てつおり》によって戦闘《バトル》フェイズを失《うしな》いはするが伏せ《リバース》カードを出《だ》すこともモンスターを召喚《しょうかん》することもできる…
まだ悪《わる》あがきならできるはずだろ!
もっと見《み》せてくれよ…
檻《おり》の中《なか》でもがき苦《くる》しむ貴様《きさま》の姿《すがた》をな!ククク…
ズ
ズ

オレは負《ま》けない！
ドロー!!
バッ
あきらめてたまるか！
この手札《てふだ》の中《なか》に必《かなら》ずオシリスの天空竜《てんくうりゅう》を倒《たお》す手段《しゅだん》が隠《かく》されているハズだ!!
クリボー ★★
攻撃力《こうげきりょく》 300
守備力《しゅびりょく》 200
考《かんが》えろ…
奴《やつ》の場《フィールド》にはオシリスの天空竜《てんくうりゅう》…！
守備表示《しゅびひょうじ》のリバイバルスライム…！
そして伏《リバース》せカードが一枚《まい》…！
オシリスの天空竜《てんくうりゅう》
攻撃力《こうげきりょく》
3000
リバイバルスライム
守備表示《しゅびひょうじ》

よし！
次《つぎ》の…奴《やつ》のターンが勝負《しょうぶ》だ!!
オレは伏せ《リバース》カードを二枚《まい》場《フィールド》に置《お》き！
さらに—
クリボーを守備《しゅび》表示《ひょうじ》で場《フィールド》に出《だ》し！
ズズズ
クリボー
攻撃力《こうげきりょく》300
守備力《しゅびりょく》200
ターン終了《しゅうりょう》だ！
クリクリ

さあ…
いよいよ鉄檻《てつおり》が消《き》える…
貴様《きさま》の命《いのち》を守《まも》ってくれていた鉄檻《てつおり》がね…
ズズズ
シュウウゥ
グオオオオ
ボクのターン！
く……

ドロー！
オシリスの攻撃力《こうげきりょく》1000ポイントUP《アップ》!!
グオオオオオ
ドドドド
オシリスの天空竜《てんくうりゅう》
攻撃力《こうげきりょく》
4000
ハッ
いくぞ
天空竜《オシリス》の攻撃《こうげき》!!
ゴゴゴ
……！
ゴ
ドド

超電導波《ちょうでんどうは》サンダーフォース!!
オシリスの天空竜《てんくうりゅう》
攻撃力《こうげきりょく》
4000

バスター・ブレイダー
攻撃力《こうげきりょく》
3100
リバース・カード オープン!!
なに!!

光《ひかり》の封《ふう》札《さつ》剣《けん》
光《ひかり》の封札剣《ふうさつけん》!!
光《ひかり》の封札剣《ふうさつけん》
〈魔法《まほう》カード〉
相手《あいて》の手札《てふだ》の中《なか》から1枚《まい》を抜《ぬ》き出《だ》し3ターン場《フィールド》に封《ふう》じ込《こ》める
この魔法《マジック》カードでお前《まえ》の手札《てふだ》からカードを一枚《まい》場《フィールド》に封《ふう》じるぜ!!
く…
この瞬間《しゅんかん》オシリスの攻撃力《こうげきりょく》は三〇〇〇ポイントに下《さ》がる!!

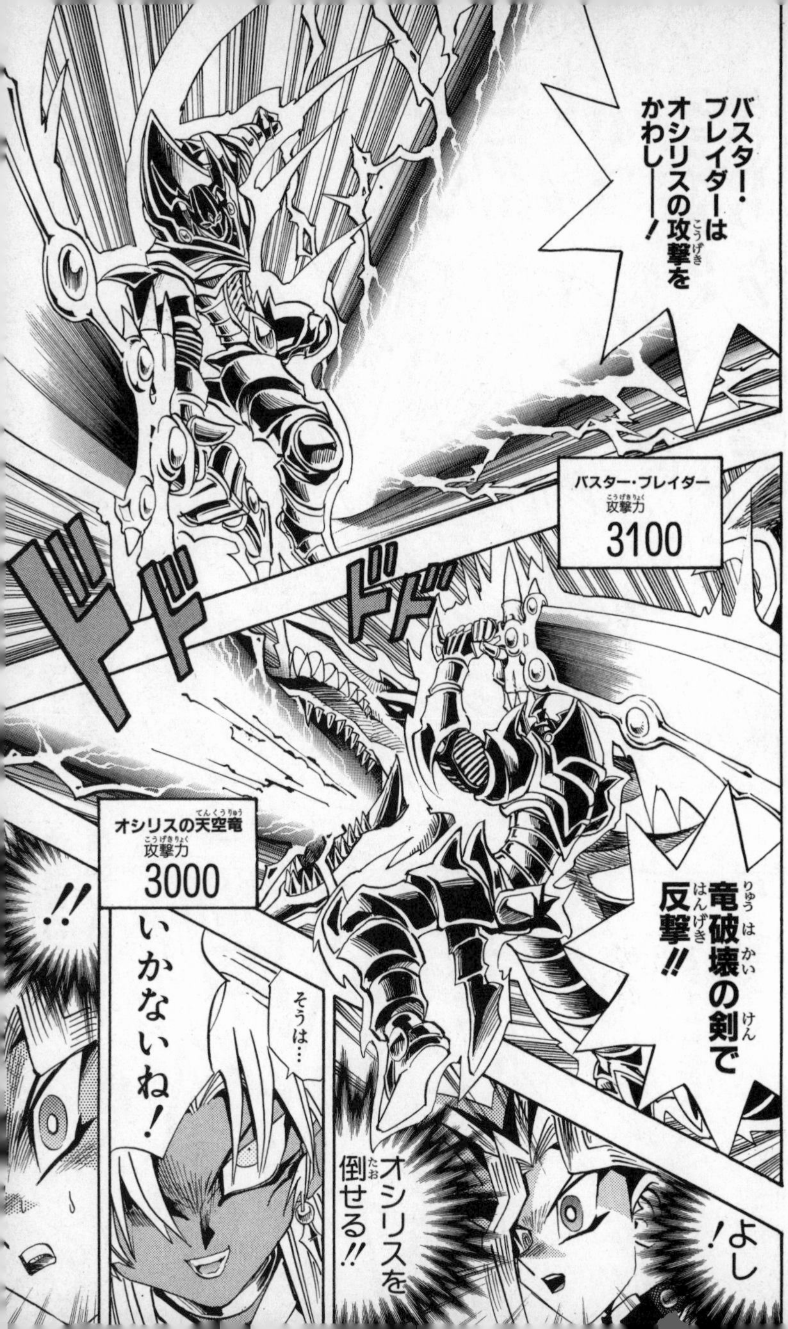
バスター・ブレイダーは
オシリスの攻撃《こうげき》をかわし──!
バスター・ブレイダー
攻撃力《こうげきりょく》
3100
ドドドド
竜破壊《りゅうはかい》の剣《けん》で反撃《はんげき》!!
オシリスの天空竜《てんくうりゅう》
攻撃力《こうげきりょく》
3000
!!
よし!
オシリスを倒《たお》せる!!
そうは…
いかないね!

なに!!
スライムが身《み》代《が》わりに!!
永続罠《えいぞくトラップ》カードが発動《はつどう》したのさ！
フフ…
ディフェンド・スライム
〈永続罠《えいぞくトラップ》カード〉
モンスターへのいかなる攻撃《こうげき》も場《フィールド》のスライムが身代《みが》わりとなる
そしてリバイバルスライムは再生《さいせい》し再《ふた》び場《フィールド》に召喚《しょうかん》される

さらに この瞬間《しゅんかん》に 魔法《マジック》カード発動《はつどう》!!
生還《せいかん》の宝札《ほうさつ》
〈永続《えいぞく》魔法《まほう》カード〉
敵味方《てきみかた》を問《と》わず場上《ばじょう》のモンスターが再生《さいせい》に成功《せいこう》した場合《ばあい》生還《せいかん》の宝札《ほうさつ》の持《も》ち主《ぬし》は山札《やまふだ》からカードを３枚《まい》引《ひ》くことができる
手札増加《てふだぞうか》カード!!
このカードは スライムが再生召喚《さいせいしょうかん》される度《たび》に 山札《やまふだ》から カードを三枚《まい》引《ひ》ける 永続魔法《えいぞくまほう》さ！
よって 手札《てふだ》は 五枚《まい》になり
オシリスの 天空竜《てんくうりゅう》の攻撃力《こうげきりょく》は 五〇〇〇ポイントに!!
オシリスの天空竜《てんくうりゅう》
攻撃力《こうげきりょく》
5000

バスター・ブレイダー
抹殺《まっさつ》!!
ハハハハ
神《かみ》を倒《たお》す手段《しゅだん》など
ないのさ!
遊戯《ゆうぎ》!!
ズッ
ズ
遊戯《ゆうぎ》
ライフポイント 2100

ピピ…
海馬様《かいばさま》…
神《かみ》のカードを持《も》つレア・ハンターのポイントが判明《はんめい》しました!
E《イー》ブロック西《にし》三五〇地点《ちてん》
対戦《たいせん》している決闘者《デュエリスト》は…
武藤遊戯《むとうゆうぎ》です!
遊戯《ゆうぎ》!!

遊闘《バトル》174 神《かみ》のコンボ!!

オシリスの天空竜《てんくうりゅう》の攻撃《こうげき》竜破壊の剣士《バスター・ブレイダー》を撃破《げきは》!!
ZUOOooo
オシリスの天空竜《てんくうりゅう》
攻撃力《こうげきりょく》
5000
く…
ハハハハハ
手札《てふだ》の数《かず》だけ攻撃力《こうげきりょく》を上《あ》げるオシリスを倒《たお》す手段《しゅだん》など この世《よ》には存在《そんざい》しない!!
く…
まだまだぁ…
神《かみ》の力《ちから》はこんなものじゃない…
次《つぎ》の貴様《きさま》のターンで神《オシリス》に隠《かく》された恐《おそ》るべき能力《のうりょく》を見《み》せてやる!
遊戯《ゆうぎ》
ライフポイント 2100

ズズ
さあ遊戯《ゆうぎ》!!
貴様《きさま》のターンだ!
……
オレの場《フィールド》には
守備表示《しゅびひょうじ》のクリボーと
伏《リバース》せカードが一枚《まい》…
この三枚《まい》の
手札《てふだ》の中《なか》に
起死回生《きしかいせい》の
手《て》はない…
攻撃力2000
山札《やまふだ》の一番上《ばんうえ》に
眠《ねむ》るカード!
このカードに
賭《か》けるしかない!!
オレの
ターン!
ドロー!!

魔法の筒《マジカル・シリンダー》
(魔法《まほう》カード)
魔法の筒《マジカル・シリンダー》…!!
魔術師《マジシャン》とのコンボで効力《こうりょく》を発揮《はっき》する魔法《マジック》カード!!
マジシャン・ガール…
このカードを操《あやつ》れるのはお前《まえ》しかいない!
いくぜ!
場《フィールド》のクリボーを生贄《いけにえ》に捧《ささ》げ——
クリ〜
クリクリクリクリ

マジシャン・ガール召喚《しょうかん》!!
ド
ド
ドドドド
新《あら》たなしもべを召喚《しょうかん》したな…
この瞬間《しゅんかん》にオシリスの特殊《とくしゅ》能力《のうりょく》発動《はつどう》!!
なに!!

ゴゴゴ
!!
ゴゴ
ゴ
オシリスのもう一方《いっぽう》の口《くち》が開《ひら》かれた!!
ゴ
オシリスは相手《あいて》のターン場《フィールド》に召喚《しょうかん》されたモンスターに二〇〇〇ポイントのダメージを与《あた》える!!
相手《あいて》プレイヤーにダメージは通《とお》らないが…
そのカードが攻撃表示《こうげきひょうじ》なら攻撃力《こうげきポイント》に!
守備表示《しゅびひょうじ》なら守備力《しゅびりょく》が二〇〇〇以下《いか》のモンスターは瞬殺《しゅんさつ》される!!

ズ
召雷弾《しょうらいだん》!!
相手《あいて》のターンでも攻撃《こうげき》を仕掛《しか》けてくるモンスター!!
!
ガ
モンスターではない
神《かみ》だ!!
ガ
ブラック・マジシャン・ガール
守備力《しゅびりょく》
1700
ガ
ガ
く……
リバース・カード!!

ズバァァ
ククク…
魔術師《まじゅつし》の少女《しょうじょ》もはかない命《いのち》だったな…
それはどうかな…
ム…
ド
マジカル・シルク ハット
(魔法《まほう》カード)
魔術師《マジシャン》とのコンボでトリック攻撃《こうげき》が可能《かのう》!
シルクハット…!!
チッ

フフ…一瞬《いっしゅん》で楽《らく》にしてやろうと思《おも》ったが…
どうやらなぶり殺《ごろ》しにされるのが好《す》きらしい…
……
まあ せいぜいがんばりな…
あがくだけ無駄《むだ》だけどな……
ハハハハ!
オシリスは秒単位《びょうたんい》で貴様《きさま》の命《いのち》の架《か》け橋《はし》を削《けず》り落《お》としていく…
なら命《いのち》の…
ひとかけらが残《のこ》されている限《かぎ》りオレは闘《たたか》う!!

場《フィールド》に二枚《まい》の伏《リバース》せカードを出《だ》し
ターンエンド!!
三つのシルクハットに伏《リバース》せカードを隠《かく》したワケか…
ボクのターン…
ドロー!
遊戯《ゆうぎ》…
今《いま》ボクの手札《てふだ》は六枚《まい》…
このゲームのルールでは手札《てふだ》を八枚《まい》以上《いじょう》持《も》つことは許《ゆる》されておらずそれ以上《いじょう》のカードは墓地《セメタリー》に捨《す》てなければならない…
だが!

無限《むげん》の手札《てふだ》
(永続《えいぞく》魔法《まほう》カード)
このカードを場《フィールド》に出《だ》しておけば手札《てふだ》を無限《むげん》に持《も》つことが出来《でき》る!
無限《むげん》の手札《てふだ》だと……!!
フフ…
この意味《いみ》はわかるよな……
オシリスは無限《むげん》に攻撃力《こうげきりょく》を上《あ》げる!!
そうさ…
永続《えいぞく》魔法《まほう》――
無限《むげん》の手札《てふだ》!!

く!!
次《つぎ》のターンからオシリスは攻撃力《こうげきりょく》六〇〇〇以上《いじょう》になる!!
この場《フィールド》に揃《そろ》った五枚《まい》のカードこそ究極《きゅうきょく》のコンボ——ゴッド・ファイブ!!
完全無欠《かんぜんむけつ》にして無敵《むてき》!攻略不可能《こうりゃくふかのう》な神《かみ》の領域《りょういき》が完成《かんせい》したのさ!!
オシリスの天空竜《てんくうりゅう》
リバイバルスライム 再生能力《さいせいのうりょく》
ディフェンド・スライム すべての攻撃《こうげき》は場《フィールド》のスライムが身代《みが》わりとなる
生還《せいかん》の宝札《ほうさつ》 スライムが再生《さいせい》したらカードを3枚《まい》引《ひ》く
無限《むげん》の手札《てふだ》 手札《てふだ》の制限《せいげん》をなくす
そして戦闘《バトル》フェイズ!
天空竜《てんくうりゅう》の攻撃《こうげき》!!

狙《ねら》いは右《みぎ》のシルクハット!
サンダーフォース!
オオ
奴《やつ》の狙《ねら》いは的中《てきちゅう》している!!
く…!
オオオオ
ボクは勘《かん》が鋭《するど》いんでね!

く……
これが最後《さいご》の賭《か》けだ!!
シルクハットごと魔術師《マジシャン・ガール》を粉砕《ふんさい》!!
ゴオオオオ
ズド
やったか…
何《なに》!!
魔法の筒《マジック・シリンダー》にオシリスの攻撃《こうげき》が吸収《きゅうしゅう》された!

ゴォォ
こ…これは一体《いったい》…
六芒星《ろくぼうせい》の呪縛《じゅばく》
(罠《トラップ》カード)
このカードに攻撃《こうげき》を加《くわ》えた者《もの》は六芒星《ろくぼうせい》の呪《のろ》いを受《う》ける
魔法の筒《マジック・シリンダー》
(魔法《まほう》カード)
魔術師《マジシャン》が操《あやつ》る魔法《まほう》の筒《つつ》!
モンスターの攻撃《こうげき》を吸収《きゅうしゅう》し
軌道《きどう》を変《か》え相手《あいて》にはね返《かえ》す!
物質《ぶっしつ》を転送《てんそう》することもできる
お前《まえ》が攻撃《こうげき》したシルクハットには魔術師《マジシャン・ガール》と共《とも》に二枚《まい》のカードを隠《かく》しておいたぜ!
魔法の筒《マジック・シリンダー》!!
そして六芒星《ろくぼうせい》の呪縛《じゅばく》をな!
二重魔法《ダブル・マジック》!!
一度《ど》に魔法《まほう》と罠《トラップ》を発動《はつどう》させるマジック・コンボか!!
オシリスは六芒星《ろくぼうせい》の呪《のろ》いによって攻撃力《こうげきりょく》が下《さ》がり動《うご》きを封《ふう》じられる!!
オシリスの天空竜《てんくうりゅう》
攻撃力《こうげきりょく》700ダウン
4300

ゴオォォォ
そして
もう一方《いっぽう》の魔法の筒《マジック・シリンダー》から
軌道反転《きどうはんてん》した
サンダーフォースが
射出《しゃしゅつ》される！
オシリスに
攻撃《こうげき》をはね返《かえ》す!!
オオオ
倒《たお》せるか！
神《かみ》を!!

無駄《むだ》だよ…
言《い》ったろ…神《かみ》の領域《りょういき》は攻略不可能《こうりゃくふかのう》だと…
リバイバルスライムが身代《みが》わりとなり！
ゴ
ド
はね返《かえ》した攻撃《こうげき》さえも スライムが盾《たて》となるのか!!
ゴ
ゴ
スライム再生《さいせい》!!
この瞬間《しゅんかん》永続魔法《えいぞくまほう》「生還《せいかん》の宝札《ほうさつ》」によってカードを三枚《まい》引《ひ》く！
ゴ
オシリスの攻撃力《こうげきりょく》三〇〇〇ポイントアップ!!
オシリスの天空竜《てんくうりゅう》
攻撃力《こうげきりょく》
7300
さらに──
神《かみ》に六芒星《ろくぼうせい》の呪《のろ》いなど通用《つうよう》しない…
いかなる魔法《まほう》の効力《こうりょく》も一ターンで消《き》え去《さ》るのさ！

!!
六芒星解除《ろくぼうせいかいじょ》!!
ジャキーン
!!
次《つぎ》のターンの攻撃《こうげき》で
マジシャン・ガールを
粉砕《ふんさい》!!
ZUGO
オシリスの天空竜《てんくうりゅう》
攻撃力《こうげきりょく》
9000

遊戯《ゆうぎ》
ライフポイント 2100
勝《か》てない……
ガク
……オシリスを倒《たお》す手段《しゅだん》は……
……
ない……
立《た》ち上《あ》がれ!! 遊戯《ゆうぎ》

……!
オオオ
貴様《きさま》はここで終《お》わる決闘者《デュエリスト》ではない!!
貴様《きさま》なら…
神《かみ》に勝《か》てる!!
海馬《かいば》!!

ズズズ
オシリスの天空竜《てんくうりゅう》
攻撃力《こうげきりょく》
9000
く…
遊戯《ゆうぎ》…
オシリスは
手札《てふだ》の数《かず》だけ
無限《むげん》に攻撃力《こうげきりょく》を
上《あ》げる!!
もはや
貴様《きさま》には
敗北《はいぼく》の道《みち》しか
残《のこ》されてはいない
……
オレに
勝《か》つ手段《しゅだん》は……
ない……

遊闘《バトル》175　決闘者《デュエリスト》の可能性《かのうせい》

立《た》て!! 遊戯《ゆうぎ》!!
貴様《きさま》はここで終《お》わる決闘者《デュエリスト》ではない!!
海馬《かいば》!!

貴様《きさま》はオレが認《みと》めた誇《ほこ》り高《たか》き決闘者《デュエリスト》だ！
このオレの前《まえ》でぶざまな敗北《はいぼく》を喫《きっ》するなど断《だん》じて許《ゆる》さん!!
……
遊戯《ゆうぎ》ーー！お前《まえ》は この大会《たいかい》で兄《にい》サマと闘《たたか》わなくちゃならないんだ
そんなツルッパゲ野郎《やろう》なんかに負《ま》けるんじゃねえやい！
遊戯《ゆうぎ》 貴様《きさま》にも見《み》えるハズだ！
見果《みは》てぬ先《さき》まで続《つづ》くオレ達《たち》の闘《たたか》いのロード!!
貴様《きさま》は…
ここで立《た》ち止《ど》まるのか!!

先《さき》に神《かみ》が立《た》ちふさがるなら…
!
神《かみ》をなぎ倒《たお》して行《い》け!!
遊戯《ゆうぎ》!
わかったぜ海馬《かいば》!
待《ま》ってろ!
オレは今《いま》…

神《かみ》のカードを倒《たお》す!!
遊闘《バトル》175 決闘者《デュエリスト》の可能性《かのうせい》

ククク
これは手間《てま》が省《はぶ》けたよ…
最後《さいご》の神《かみ》のカード「オベリスク」を持《も》つ海馬瀬人《かいばせと》が現《あらわ》れてくれるとはね……
遊戯《ゆうぎ》を抹殺《まっさつ》したら…
次《つぎ》はお前《まえ》の番《ばん》だ！海馬《かいば》!!
奴《遊戯》を倒《たお》すのはオレだ！
いくぜオレのターン!!
ドドド
マリク
ライフポイント3100
遊戯《ゆうぎ》
ライフポイント2100

オレの手札《てふだ》は二枚《まい》……
「バフォメット」そして「ビック・シールド・ガードナー」……
ビック・シールド・ガードナー
フォメット
攻撃力《こうげきりょく》100
1400
1800
だが…オレのモンスターカードではオシリスの攻撃力《こうげきりょく》にはたちうちできない……
だが必《かなら》ず手《て》はある!!
オレは次《つぎ》に引《ひ》く可能性《カード》を信《しん》じるぜ!!
ドロー!
死者蘇生《ししゃそせい》
(魔法《まほう》カード)
敵《てき》・味方《みかた》
問《と》わず
魂《たましい》を蘇生《そせい》させ
モンス
がができる
味方《みかた》に
死者蘇生《ししゃそせい》……

このターン！
リバース・カード
セット!!
さらに
ビック・シールド・
ガードナーを
守備表示《しゅびひょうじ》！
攻撃力《こうげきりょく》 100
守備力《しゅびりょく》 2600
クク…
モンスターを
召喚《しょうかん》した瞬間《しゅんかん》
オシリスの特殊能力《とくしゅのうりょく》が
発動《はつどう》する！
!!

召雷弾《しょうらいだん》!!
ズガァアア
オシリスは相手《あいて》フィールドにモンスターを召喚《しょうかん》した瞬間《しゅんかん》二〇〇〇ポイントのダメージを与《あた》える!
二〇〇〇ポイントのダメージだって!
おそろしい能力《のうりょく》だ…
大抵《たいてい》の四《よ》ツ星《ぼし》モンスターは場《フィールド》に出《だ》した瞬間《しゅんかん》に抹殺《まっさつ》されるワケか…
オシリスの天空竜《てんくうりゅう》…
オレのオベリスク同様《どうよう》! 場《フィールド》に出《だ》せば相手《あいて》の戦意《せんい》と勝機《しょうき》を一瞬《いっしゅん》で消失《しょうしつ》させる威力《いりょく》を持《も》っている!!
!!
遊戯《ゆうぎ》のモンスターは無事《ぶじ》だ!
ズ
ズ
守備力《しゅびりょく》が二〇〇〇ポイント以上《いじょう》あったから 何《なん》とか持《も》ちこたえた!!

遊戯《ゆうぎ》！
神《かみ》の威圧《いあつ》ごときにひるむな!!
場《フィールド》にモンスターを失《うしな》ったらオシリスの攻撃《こうげき》はプレイヤーを直撃《ちょくげき》する
そうなればオレの負《ま》けだ……！
無限《むげん》の力《ちから》を秘《ひ》めた……神《かみ》の攻略法《こうりゃくほう》はあるのか……!!
ボクのターン！
ドローー

この瞬間《しゅんかん》手札《てふだ》は十枚《まい》となり――
オシリスの攻撃力《こうげきりょく》は一〇〇〇〇ポイントに!!
い…一万《まん》…
兄《にい》サマ…あの神《かみ》の竜《りゅう》は手札《てふだ》の数《かず》だけ攻撃力《こうげきりょく》を上《あ》げやがるんだ…!
――しかも…場《フィールド》に「無限《むげん》の手札《てふだ》」のカードを出《だ》して 手札《てふだ》の制限《せいげん》をなくしている――!
無限《むげん》に攻撃力《こうげきりょく》を上《あ》げていくモンスターに遊戯《ゆうぎ》は勝《か》つ手段《しゅだん》なんかあるの! 兄《にい》サマ!!
……
無限《むげん》の攻撃力《こうげきりょく》…

遊戯《ゆうぎ》!
聞《き》け!
無限《むげん》などない!
それは神《かみ》の幻想《まやかし》にすぎない!!
!!
神《かみ》の……まやかし……!!
……無限《むげん》はない……!

天空竜《オシリス》の攻撃《こうげき》!!
ズゴゴゴゴゴ
ビック・シールド・ガードナーを粉砕《ふんさい》!!
オシリスの天空竜《てんくうりゅう》
攻撃力《こうげきりょく》
10000
ハハハハ! 何《なに》をほざいている…?
神《かみ》の力《パワー》は無限《むげん》さ!!

……そうか…
神《オシリス》の攻略法《こうりゃくほう》がわかったぜ!! 海馬《かいば》…
……!!
攻略法《こうりゃくほう》だと……!?
気付《きづ》いたな……
遊戯《ゆうぎ》!

次《つぎ》のオレのターン!
これがオレ達《たち》の決闘《デュエル》において最後《さいご》のターンとなるだろう!
この一ターンが過《す》ぎた時《とき》オレか貴様《きさま》のどちらか…
立《た》っていた者《もの》の勝《か》ちだ!
何《なに》を血迷《ちまよ》ったことを……
この一ターンで貴様《きさま》がボクに勝《か》つ可能性《かのうせい》があるとでもいうのかい?
ある!

バカな……
この形勢《けいせい》を逆転《ぎゃくてん》する方法《ほうほう》などあるワケがない!!
攻撃力《こうげきりょく》一〇〇〇〇のオシリスを倒《たお》さない限《かぎ》り相手《あいて》のライフを0《ゼロ》にすることはできない……
だけどそんなの無理《むり》だ…絶対《ぜったい》!!
に…兄《にい》サマ…
何《なに》もしゃべるなモクバ…
!
遊戯《ゆうぎ》のデッキに隠《かく》されたたった一枚《まい》のキーカード!
それを引《ひ》けるか否《いな》か!
モクバよく見《み》ておけ!
真《しん》の決闘者《デュエリスト》の可能性《かのうせい》を!
可能性《かのうせい》……
ズズ
ズ

いくぜ!
ラストターン!!
ドロー
!

オレの勝《か》ちだ
マリク
なに!
!!
キーカードを引《ひ》いたのか!
フフ…やはり!!
神《かみ》のカードは常《つね》に最《もっと》も誇《ほこ》り高《たか》き決闘者《デュエリスト》を……
持《も》ち主《ぬし》に選《えら》ぶ!!
いくぜ!

リバース・カードオープン!
死者蘇生《ししゃそせい》
(魔法《まほう》カード)
敵《てき》・味方《みかた》を問《と》わずモンスターの魂《たましい》を蘇生《そせい》させ味方《みかた》にすることができる
死者蘇生《ししゃそせい》!
オレはこのカードで墓地《ぼち》に眠《ねむ》るしもべを復活《ふっかつ》させる!!
バスター・ブレイダー!!
竜破壊《りゅうはかい》の剣士《けんし》の魂《たましい》よ!フィールドに舞《ま》い戻《もど》れ!!
ゴゴゴ
フ…モンスターを蘇生《そせい》させ守備表示《しゅびひょうじ》で場に出《だ》しライフポイントを温存《おんぞん》する気《き》らしいが
それでは勝《か》てまい 遊戯《ゆうぎ》!

フ……守備表示《しゅびひょうじ》……
そいつは違《ちが》うぜ！マリク
バスター・ブレイダー攻撃表示《こうげきひょうじ》！

何《なに》！攻撃《こうげき》表示《ひょうじ》！！
まさかオシリスに攻撃《こうげき》を仕《し》掛《か》けてくるというのか！
見《み》せてやるぜマリク
これが神《かみ》の極限《きょくげん》を超《こ》えた
無《む》限《げん》コンボだ！！

遊闘《バトル》176　神堕《かみお》つ!?
魔法《マジック》カード「死者蘇生《ししゃそせい》」でバスター・ブレイダーを再生召喚《さいせいしょうかん》!!
攻撃表示《こうげきひょうじ》!!
ドドドド
攻撃表示《こうげきひょうじ》だと!!
攻撃力《こうげきりょく》一〇〇〇〇を超《こ》えた天空竜《オシリス》の反撃《はんげき》で貴様《きさま》のライフは0《ゼロ》となることを承知《しょうち》の上《うえ》でか!!

マリクよ　オレの手札《てふだ》にあるキーカード！
こいつが神《かみ》の極限《きょくげん》の力《ちから》を超《こ》えた無限《むげん》コンボを完成《かんせい》させるぜ！
無限《むげん》コンボ…!!
遊闘《バトル》176　神《かみ》堕《お》つ!?

ハハハハハ
極限《きょくげん》を超《こ》えた無限《むげん》だと！
何《なに》を血迷《ちまよ》ったことをほざいている？
神《かみ》の力《ちから》を超《こ》えた無限《むげん》など存在《そんざい》しないさ!!
遊戯《ゆうぎ》！ボクの場《フィールド》に出《で》ている永続魔法《えいぞくまほう》カード
生還《せいかん》の宝札《ほうさつ》!!
その証拠《しょうこ》を今《いま》見《み》せてあげるよ！
生還《せいかん》の宝札《ほうさつ》
(永続魔法《えいぞくまほう》カード)
敵味方を問わず場上のモンスターが再生に成功した場合生還の宝札の持ち主は山札からカードを３枚引くことができる
このカードの効力《こうりょく》は場全域《フィールドぜんいき》に及《およ》び――敵味方《てきみかた》を問《と》わずモンスターを再生《さいせい》させたらボクは山札《やまふだ》から三枚《まい》カードを引《ひ》くことができる！
……
フフ…そう…
このターン貴様《きさま》はバスター・ブレイダーの再生召喚《さいせいしょうかん》に成功《せいこう》した…
よってボクはー
山札《やまふだ》から三枚《まい》のカードを引《ひ》く――!!
そして――

天空竜《オシリス》は
攻撃力《こうげきりょく》を
上《あ》げる!!
オシリスの天空竜《てんくうりゅう》
攻撃力《こうげきりょく》
13000
攻撃力《こうげきりょく》
一三〇〇〇ポイント!!
バスター・ブレイダーが
場《フィールド》に召喚《しょうかん》された瞬間《しゅんかん》
天空竜《オシリス》の特殊能力《とくしゅのうりょく》が
発動《はつどう》する!!
さらに──!

召《しょう》雷《らい》弾《だん》!!
く…
耐《た》えろ!!
バスター!
ブレイダー!!
お前《まえ》の
攻撃力《こうげきりょく》は
三一〇〇!!
二〇〇〇ポイントの
ダメージを受《う》けても
死にはしない!!
フフ…
なんとか
持《も》ちこたえた
ようだが…
バスター・ブレイダーの
攻撃力《こうげきりょく》は
一一〇〇ポイントに
落《お》ちた…
それでも
天空竜《オシリス》に
攻撃《こうげき》を仕掛《しか》けて
くるというのかい
?
フフフ…
今《いま》なら
守備表示《しゅびひょうじ》への
変更《へんこう》を許《ゆる》して
やってもいいよ

バスター・ブレイダーは攻撃表示《こうげきひょうじ》だ！マリク!!
ガシャキィン
く…何《なに》を考《かんが》えている…
ズズズ
遊戯《ゆうぎ》…
オオオオ
オレにはわからない…
この状況《じょうきょう》で遊戯《ゆうぎ》に勝《か》つ手《て》が残《のこ》されているなんて…
神《かみ》の無限《むげん》の力《ちから》…
その幻想《げんそう》を打《う》ち砕《くだ》け！遊戯《ゆうぎ》!!
この決闘《デュエル》…
このターンで勝負《しょうぶ》は決《き》まる!!

オオオオ
いくぜ！オレのバトルフェイズ！
来《き》てみな……
返《かえ》り討《う》ちにしてやるよ遊戯《ゆうぎ》！
バスター・ブレイダー！
オシリスの天空竜《てんくうりゅう》に攻撃《こうげき》!!

竜破壊《ドラゴンバスター》の剣《ブレード》!!!
ドドドドド
無茶《むちゃ》だ!!
攻撃力《こうげきりょく》が違《ちが》いすぎる!!

ハハハハ
何度《なんど》 同《おな》じ誤《あやま》りをくり返《かえ》せば気《き》が済《す》む！
そんなモンスターごとき神《かみ》に触《ふ》れることはできないのさ！
永《えい》続《ぞく》罠《トラップ》発《はつ》動《どう》!!

ディフェンド・スライム!!
リバイバルスライムよ！神《かみ》の盾《たて》となれ!!
ディフェンド・スライム
(永続罠《えいぞくトラップ》カード)
モンスターへのいかなる攻撃《こうげき》も場《フィールド》のスライムが身代わりとなる
リバイバルスラ
リバイバルスライ
を持《も》つ
攻撃力《こうげきりょく》1500
守備力《しゅびりょく》 500
ズババ
!!
バスター・ブレイダーの攻撃《こうげき》はスライムによって阻止《そし》された!!
ハハハハハ…残念《ざんねん》だったね遊戯《ゆうぎ》！
場《フィールド》にスライムがいる限《かぎ》り神《オシリス》への攻撃《こうげき》は届《とど》かない！そしてスライムは再生《さいせい》をくり返《かえ》すのさ！

フフ…
スライムが天空竜《てんくうりゅう》への攻撃《こうげき》の盾《たて》となることは承知《しょうち》の上《うえ》さ…
なに…
そして
この瞬間《しゅんかん》を待《ま》っていたぜ！
これがオレの切《き》り札《ふだ》だ！
魔法《マジック》カード「洗脳《せんのう》」!!
洗脳《せんのう》―ブレイン・コントロール
（魔法《まほう》カード）
敵《てき》モンスター1体《たい》を洗脳《せんのう》し
1ターンだけ味方《みかた》にし
操《あやつ》ることができる
!
洗脳《ブレイン・コントロール》!!

クク…
ハハハハハ
なるほどね
残念《ざんねん》だが…
遊戯《ゆうぎ》…
神《かみ》に
洗脳《せんのう》は通用《つうよう》
しないんだよ！
天空竜《オシリス》の
バスター・ブレイダーへの
反撃《はんげき》で終《お》わりだ!!
遊戯《ゆうぎ》!!
フフ…
誰《だれ》が
オシリスを
洗脳《せんのう》すると
言《い》った…
マリク…
え……
オレが このターン
洗脳《せんのう》したのは
……

リバイバルスライム!!
こいつがオレの場《フィールド》で再生《さいせい》する
バ
なんだと!!
スライムを洗脳《せんのう》……!!
さあ!フィールド上《じょう》でモンスターが再生《さいせい》したぜ!マリク!
永続魔法《えいぞくまほう》カード「生還《せいかん》の宝札《ほうさつ》」によりデッキからカードを三枚《まい》引《ひ》きな!
生還《せいかん》の宝札《ほうさつ》
(永続魔法《えいぞくまほう》カード)
敵味方を問わず場上の
モンスターが再生に成功した場合
生還の宝札の持ち主は山札から
カードを3枚引くことができる
……!!
クク…この場《ば》に及《およ》んでさらにオシリスの攻撃力《こうげきりょく》を上《あ》げさせてくれるとはね…

この瞬間《しゅんかん》
天空竜《オシリス》の攻撃力《こうげきりょく》
一六〇〇〇ポイント！
オシリスの天空竜《てんくうりゅう》
攻撃力《こうげきりょく》
16000
だが…
天空竜《オシリス》が
オレのモンスターに
反撃《はんげき》する前《まえ》に
オレのフィールドに
スライムが
再生召喚《さいせいしょうかん》
されたよな…
ハッ
しま…
よって…
リバイバルスライムに
天空竜《オシリス》の特殊能力《とくしゅのうりょく》が
発動《はつどう》する…
召雷弾《しょうらいだん》!!
リバイバルスライム
守備力《しゅびりょく》
500

スライム破壊《はかい》!!
だが……
……再生《さいせい》する……
!……
この瞬間《しゅんかん》 貴様《きさま》にはさらにカードを三枚《まい》引《ひ》いてもらう!
く……

再《ふたた》び…スライムが場《フィールド》に再生召喚《さいせいしょうかん》され天空竜《オシリス》の特殊能力《とくしゅのうりょく》が発動《はつどう》する……
そして…再生《さいせい》…カードを三枚《まい》引《ひ》かされる…
これを…くり返《かえ》す…
無限《むげん》ループ!!!!
この一ターンの間《あいだ》でボクの山札《やまふだ》は……!!
そう…
山札《やまふだ》からカードを引《ひ》けなくなった者《もの》は ゲームを続《つづ》けることはできない!

無限《むげん》ループによって
手札《てふだ》が無限《むげん》に
ふえてゆき……
そして神《かみ》も
無限《むげん》に攻撃力《こうげきりょく》を
上《あ》げてゆく…
オシリスの天空竜《てんくうりゅう》
攻撃力《こうげきりょく》
28000
く……!!
違《ちが》うな…
神《かみ》の力《ちから》は
無限《むげん》じゃない
……
山札《やまふだ》の枚数《まいすう》
という限界《げんかい》が
あったのさ!

シュウゥウウウ

オレの勝《か》ちだ…

リバイバルスラ
リバイバルスライ
を持《も》つ
攻撃力《こうげきりょく》1500
守備力《しゅびりょく》 500
ディフェンド・スライム
(永続罠《えいぞくトラップ》カード)
モンスターへのいかなる
攻撃《こうげき》も場《フィールド》のスライムが
身代《みが》わりとなる

ギュゥゥゥゥゥ
遊闘《バトル》177　その敵《てき》を撃《う》て!!
ウ
ウ
勝《か》った……

遊闘《バトル》177
その敵《てき》を撃《う》て!!

………
ズズズ
まさか…
無限《むげん》ループで山札《カード》をすべて引《ひ》かされ…
このボクが…
負《ま》けた…!!!!
神《かみ》の力《ちから》は無限《むげん》ではない……
極限《きょくげん》の先《さき》に最大《さいだい》の弱点《じゃくてん》が隠《かく》されていた…
それを…
奴《やつ》の言葉《ことば》で気《き》づくことができたぜ…!!
ドン☆

やった！
遊戯《ゆうぎ》が勝《か》ちやがったあ――!!
遊戯《ゆうぎ》……
これで貴様《きさま》もオレ同様《どうよう》――選《えら》ばれし神《かみ》のカード所持者《しょじしゃ》!!
クク…
オレにとって敵《てき》とは常《つね》に最強《さいきょう》でなければ気《き》が済《す》まない…
相応《そうおう》に価値《かち》を高《たか》めてもらわなくては
貴様《きさま》を倒《たお》す意味《いみ》はないからな!!

なんだい このハゲ野郎《やろう》…
まるで人形《にんぎょう》みたいに動《うご》かねえ!
ま…あんな負《ま》け方《かた》すりゃあショックだろーけどなー!
死《し》んじまったのか…?
これがオシリスの天空竜《てんくうりゅう》…
二枚目《まいめ》の神《かみ》のカードか…
遊戯《ゆうぎ》ーー!
オレはバトル・シティ運営委員長《うんえいいいんちょう》なんだぜー!
だから公平《こうへい》にアンティルールを仕切《しき》るぜい!
この「オシリスの天空竜《てんくうりゅう》」のカードは勝者《しょうしゃ》であるお前《まえ》に渡《わた》してやる!!
ほらよ——!
おう…
パズルカードも受《う》けとりなー!
だがなー!
オシリスのカードはすぐに兄《にい》サマのものになるだろーぜ!
ギャハハハハ
神《かみ》のカード…

遊戯《ゆうぎ》
オシリスの天空竜《てんくうりゅう》
GET《ゲット》!!
SAINT DRAGON
–THE GOD OF OSIRIS
Everytime the opponent summons creature into the field, the point of the player's card is cut by 2000 points. X stands for the number of the player's cards in hand.
ATTACK X000
DEFFENCE X000

ゴ
ゴ
ゴ

今《いま》…兄《にい》サマと遊戯《ゆうぎ》に神《かみ》のカードが一枚《まい》ずつ…
……
…！
遊戯《ゆうぎ》…わかっているな…
バトル・シティでは決闘者《デュエリスト》が対峙《たいじ》すればそこが戦《たたか》いの場《フィールド》になる!!
ザッ
まさか…
兄《にい》サマはこの場《ば》で遊戯《ゆうぎ》に決闘《デュエル》を…!!
！
ゴッ
ゴッ

遊戯《ゆうぎ》…………
ドオ
オオオン
!!
急《きゅう》に動《うご》き出《だ》しやがって…
驚《おどろ》かすんじゃねーハゲ!!
ゴゴゴ
ヒ…!!
………
まだ神《かみ》のカードに未練《みれん》があるのか…あきらめが悪《わる》いぜマリク!
ククク…
なあに…神《かみ》のカードはすぐにボクの手《て》に戻《もど》る…
それほど深刻《しんこく》に考《かんが》えちゃいないんだ遊戯《ゆうぎ》…!

それより ひとつ… 言《い》い忘《わす》れたことが あってね…
!!
ボクはじきに 童実野町《どみのちょう》に 到着《とうちゃく》する…
同時《どうじ》に ある計画《けいかく》を 進行《しんこう》させているんだ…
今《いま》ボクが 見《み》ることのできる 景色《けしき》は三つある ……
三次元中継《さんじげんちゅうけい》の ようにね……
「人形《にんぎょう》」を通《とお》して… 遊戯《ゆうぎ》… お前《まえ》を見《み》る ことも……
近《ちか》づいてくる 童実野町《どみのちょう》の 景色《けしき》も…
そして もうひとつは…
街《まち》の雑踏《ざっとう》 ——…
これは 街《まち》に潜《ひそ》ませた レア・ハンターの 視点《してん》だ…

その中《なか》に
お前《まえ》の仲間《なかま》が
見《み》えるな…
城之内《じょうのうち》とかいう
決闘者《デュエリスト》…
ほかにも
数人《すうにん》…
城之内《じょうのうち》くん!!
みんな!!
ククク…
グールズの
レア・ハンターは
貴様《きさま》の友達《ともだち》を
ずっと監視《かんし》して
いたのさ…
いつでも
利用《りよう》できる
ようにな…
貴様《きさま》らぁ…
ゴオオオ
ククク…
さあ…早《はや》く
仲間《なかま》の元《もと》へ急《いそ》がないと
とり返《かえ》しのつかない事《こと》に
なるかもな…

貴様《きさま》の仲間《なかま》を引《ひ》き込《こ》めば
神《かみ》のカードは簡単《かんたん》にとり返《かえ》せる
さらにレア・ハンターが貴様《きさま》の行《い》く手《て》を阻《はば》む!
貴様《きさま》が仲間《なかま》の元《もと》にたどり着《つ》く頃《ころ》には奴《やつ》はもう…ククク…
まぁ…
せいぜいゲームを楽《たの》しみな!
遊戯《ゆうぎ》
それじゃあな…
マリク!!
遊戯《ゆうぎ》…
城之内《じょうのうち》くん……
く…

逃《に》げるのか! 遊戯《ゆうぎ》!!
ダン
海馬《かいば》…
今《いま》…お前《まえ》と闘《たたか》うことはできない…
城之内《じょうのうち》くんがグールズに狙《ねら》われている……!
オレは友達《ともだち》を見殺《みごろ》しにはできない!!
……
グールズ…

遊戯《ゆうぎ》!
フン
プライドより仲間《なかま》を選《えら》ぶとはな…
城之内《じょうのうち》くん……!!
街《まち》のどこにいるんだ…!!
!

!!
遊戯《ゆうぎ》…
先《さき》に進《すす》みたいのならオレ達二人《たちふたり》を倒《たお》すしかないよ…
決闘《デュエル》でな……
フフフフ…
レア・ハンターか!
どけ貴様《きさま》らぁ!!
いやだね…
簡単《かんたん》に通《とお》したらマリク様《さま》に殺《ころ》されちまうよぉ…
それに…
オレ達《たち》との決闘《デュエル》を放棄《ほうき》したら…
お前《まえ》の友達《ともだち》は即刻《そっこく》処分《しょぶん》されるぜ!

く……
さあて…どっちが先《さき》に闘《や》る？
お先《さき》にどうぞ…
お前《まえ》いけよ！
ならジャンケンな…
しかたねぇ…
ジャンケン…
ポン
こうしている間《あいだ》にも城之内《じょうのうち》くんは…
あいこで……
ショッ☆
ショッ☆
今《いま》の後《あと》だし！
ショッ☆
ショッ☆
く……
ショッ☆
悪《わる》いなぁ遊戯《ゆうぎ》…
あ・い・こが続《つづ》いちまってよ…
ショッ☆
順番《じゅんばん》がなかなか決《き》まらないんだ……
ギョッ☆
……!!

ならば
タッグで
かかって来《こ》い!
ブタ共《ども》お!
オレと
遊戯《ゆうぎ》が組《く》む!
バ
海馬《かいば》!!
……!
タッグ
マッチ…
!?!?
頭数《あたまかず》は
揃《そろ》ってるな…
……
ガシッ☆
だが
勘違《かんちが》い
するな…
遊戯《ゆうぎ》

オレがバトル・シティを開催《かいさい》した目的《もくてき》のひとつはレアカード強奪団《ごうだつだん》グールズ壊滅《かいめつ》!!
貴様《きさま》や…! 貴様《きさま》のお友達《ともだち》に手《て》を貸《か》すワケではない!
…!!
ならいくぜ…
お二人《ふたり》さん…
決闘《デュエル》!!
そしてー
見《み》るがいい… 遊戯《ゆうぎ》!

これがオレのオベリスクだ！ワハハハハ
どあああ！

そりゃねーべさー
オベリスク……!!
海《かい》馬《ば》の持《も》つ神《かみ》のカード!!

ゴオオ
童実野
あと5km
遊戯《ゆうぎ》
すぐにオシリスは奪《うば》い返《かえ》す…
ボクの持《も》つ千年錫杖《せんねんロッド》…
こいつの力《ちから》で
貴様《きさま》の仲間《なかま》を手駒《てごま》にしてな…
死《し》と破壊《はかい》の神《かみ》
太陽神《ラー》の眠《ねむ》りしデッキよ…

遊闘《バトル》178 それぞれの決闘《デュエル》!!

我《われ》に
王《おう》の力《ちから》を!!
PM1:50 童実野町《どみのちょう》
マリク バトル・シティに到着《とうちゃく》!!
ドドドド
童実野中央
上童
実方
遊闘《バトル》178
それぞれの決闘《デュエル》!!

……
もー獏良《ばくら》くーん何《なに》してんのー
…!
あ…ゴメーン
城之内《じょうのうち》くんもここまでの大会予選《たいかいよせん》を順調《じゅんちょう》に勝《か》ち進《すす》んできたの!
ああ!今《いま》んとこパズルカード四枚《まい》!
優勝《ゆうしょう》トーナメントはパズルカード六枚《まい》で進出《しんしゅつ》できるからあと二枚《まい》ってワケだ!
街《まち》のどこかで遊戯《ゆうぎ》も勝《か》ち進《すす》んでるよねきっと!
あいつならすでに優勝《ゆうしょう》トーナメント出場《しゅつじょう》を決《き》めてるかもな!
オレはこの大会《たいかい》で遊戯《ゆうぎ》と闘《たたか》う約束《やくそく》をしたんだ!
そいつを実現《じつげん》させるまではオレも絶対《ぜったい》負《ま》けられねーぜ!

でも　城之内《じょうのうち》くんが勝《か》って手《て》に入《い》れたレアカードってさぁ
サイコ・ショッカーとか！インセクト・クィーンとか！
ほっとけ！
グロテスクなカードばっかしだね！
好きで手に入れたワケじゃねぇっつの
ボクけっこー好《す》きだなーグロテスクなカード…
ボクのデッキに入《い》れたいくらいだよ！
え!!　獏良《ばくら》もデッキ持《も》ってンの？
うん
ホラ　これ！
テーマはオカルトデッキ！
う…
オ…オカルト〜〜〜〜!?
絶対《ぜったい》てめーとは決闘《デュエル》しねー!!
そんな怖《こわ》がんないでよ…
ズ
ズ
ズ
さあて…
次《つぎ》の相手《あいて》はどこだ!!

決闘者《デュエリスト》サーチ・センサー！
ピ
決闘者《デュエリスト》サーチ・センサー!?!?
何《なん》じゃいそりゃ？
ピ
ピ
近《ちか》くにデュエル・ディスクを持《も》ってる決闘者《デュエリスト》がいるとセンサーが反応《はんのう》するんだ！
半径《はんけい》五〇メートル以内《いない》にいる決闘者《デュエリスト》ならこいつですぐ見《み》つけることができるぜ！
ほー…便利《べんり》なものじゃのー
ピピピッン…
この方向《ほうこう》！すぐ近《ちか》くに決闘者《デュエリスト》がいるぜ!!
いくぜ！
待《ま》ってよ——！

ゴゴ
ゴ
オレの千年《センサー》リングも反応《はんのう》している…
ゴゴ
ゴゴ
新《あら》たな千年《せんねん》アイテムに!!
ドン
ゴゴゴゴ
何者《なにもの》かが近《ちか》づいて来《く》る!!

……
水族館《すいぞくかん》!?!?
童実野水族館
こんな場所《ばしょ》に決闘者《デュエリスト》がおるのか?
間違《まちが》いない この中《なか》だぜ!
とにかく入《はい》るぜ!
じーさん入場料たのむぜ!
エ…ワシが!
また獏良《ばくら》くん消《き》えてるし〜〜〜
水族館《すいぞくかん》……
しばらく奴《やつ》らは そこに留《とど》まるだろう
逃《に》がさぬよう監視《かんし》しておけ……

ボクもすぐ向《む》かう!!
うわ危《あぶ》ねえ!
ひっ…
ぐ…
チッ…ろくなカード持《も》ってねぇ…
新《あら》たな千年《せんねん》アイテム所持者《しょじしゃ》!そいつは一体《いったい》何者《なにもの》なんだ…!

ここだ！
ザバァァ～
わはははは
こりゃあ大物《おおもの》じゃあ!!
あ…
あいつは！
へへ！
梶《カジ》木《キ》漁《りょう》太《た》!!

ン!
おー! 城之内《じょうのうち》!!
久《ひさ》しぶりだなー 梶木《カジキ》!!
王国以来《おうこくいらい》だなー!
お前《まえ》もバトル・シティに参加《さんか》しとったんかーー!
まぁな!
梶木《カジキ》くん! 決闘《デュエル》の舞台《ぶたい》は街《まち》の外《そと》よ! 水族館《すいぞくかん》じゃなくて!
いやーー 水族館《すいぞくかん》ちゅうトコは生《う》まれて初《はじ》めてなんじゃ!
しっかし・・・でっけー生《い》け簀《す》じゃのー! コイツ喰《く》うんかー!
生《い》け簀《す》… 喰《く》わんて…

水族館《すいぞくかん》は客《きゃく》がお魚《さかな》見《み》に来《く》る所《とこ》なの
へーー都会《とかい》モンはわざわざ金払《かねはら》って魚《さかな》見《み》に来《く》んのかー
変《か》わりモンじゃのー!
それにしても城之内《じょうのうち》
お前《まえ》水族館《すいぞくかん》来《く》るとはよっぽどの魚好《さかなず》きなんじゃのーー!
オレは魚《さかな》見《み》に来《き》たんじゃねーー!
オレの海《うみ》来《く》りゃ魚《さかな》なんざいくらでも見《み》せてやるぜよーー!
ガハハハハハ
決闘《デュエル》しに来《き》たんだぜ!!
オレとか!!
おう!!
ガハハハハ!お前《まえ》じゃオレの海《うみ》デッキにはかなわんぜよーー!
く……
なんだとこの海鮮《かいせん》やロ~~!
いいだろ!
売《う》られた決闘《デュエル》は買《か》うぜ!!城之内《じょうのうち》!!
おっしゃあ!!

ドン☆
オ…！シャチのショーの前《まえ》に 何《なに》か始《はじ》まるぞ！
前座《ぜんざ》の余興《よきょう》か！
ママー 今《いま》のうちオシッコー
へへーーッ 観客《かんきゃく》つきってのも悪《わる》くねーぜ！
ワー
オレの強《つよ》さを大衆《たいしゅう》にアピールしてやる!!
城之内《じょうのうち》ー！
オレもお前《まえ》もパズルカードの所有枚数《しょゆうまいすう》は四枚《まい》!!
共《とも》に二枚《まい》賭《が》けで勝《か》ったモンが予選《よせん》勝《か》ち抜《ぬ》けってのはどーじゃあ！
おし！受《う》けたぜ梶木《カジキ》!!
レアカードも二枚《まい》賭《が》けでいくぜ!!
いくぜよ！
リバイアサン
要塞《ようさい》クジラ
おう!!
人造人間サイコ・ショッカー
インセクト・クイーン

決闘《デュエル》！
ザパァァ
ママ シャチだよ シャチ！
がんばって城之内《じょうのうち》！
この決闘《デュエル》に勝《か》てば遊戯《ゆうぎ》との約束《やくそく》を果《は》たすことができる!!
へへ！まぐれで王国《おうこく》の上位入賞《じょういにゅうしょう》を果《は》たしたっちゅう噂《うわさ》じゃが…
どれほどの腕《うで》かオレがためしてやるぜよ!!
オレの先攻《せんこう》ー!!

リバース・カードセーーットおお！
罠《トラップ》カード「落《お》とし穴《あな》」！
これで敵《てき》は攻撃《こうげき》して来《こ》れねーぜ！
ウシシ
落《お》とし穴《あな》
（罠カード）
相手の攻撃モンスターを一体破壊する
その攻撃力の¼が相手プレイヤーのライフから削られる
さらに！
ランドスターの剣士《けんし》 ★★★
攻撃力《こうげきりょく》 500
守備力《しゅびりょく》 1200
ランドスターの剣士《けんし》‼
守備《しゅび》表示《ひょうじ》！
ドドド
ホー
次《つぎ》のオレのターンで「ランドスターの剣士《けんし》」を生贄《いけにえ》に——
オレの切《き》り札《ふだ》「魔導騎士《まどうきし》ギルティア」を召喚《しょうかん》するぜ！
魔導騎士ギルティア ★★★★★★
攻撃力 1850
守備力 1500
完《かん》ペキ！

オレのターンじゃい！
リバース・カード…
ここはうかつに攻撃《こうげき》せん方《ほう》がいいな…
フライングフィッシュ！
守備表示《しゅびひょうじ》じゃー！
梶木《カジキ》…てめーが魚《さかな》で来《く》んなら…
オレのデッキは最強《さいきょう》を誇《ほこ》る戦士《せんし》デッキ!!
オレのターン！
ドローー
ランドスターを生贄《いけにえ》に――
オオォ
ギルティア召喚《しょうかん》!!

ドォ
へ……
まさか…
寄生虫《きせいちゅう》パラサイド
★★★★
このカードが手札《てふだ》にある時《とき》
強制的《きょうせいてき》に場《フィールド》に出《で》る
自軍《じぐん》のモンスターに寄生《きせい》する
攻撃力《こうげきりょく》 500
守備力《しゅびりょく》 300
クラッ
パ…パラサイドカード…
しまったぁ~~~
羽蛾戦《はがせん》の後《あと》カード抜《ぬ》くの忘《わす》れてたぁ~~~

ななんじゃあ〜
あの気《き》味《み》悪《わる》いモンスターは…!!
何《なに》あれ…
ハハ…
城之内《じょうのうち》〜…
SPIRIT
ええい罠《トラップ》カード発動《はつどう》!!
激《げき》流《りゅう》葬《そう》じゃあ〜い!!
激流葬《げきりゅうそう》
（罠《わな》カード）
相手《あいて》がモンスターを召喚《しょうかん》した時に発動《はつどう》！相手《あいて》の場《フィールド》のモンスターをすべて破壊《はかい》する
ドドドドド
どわあぁ
こんな手《て》ごたえのない決闘者《デュエリスト》は初《はじ》めてじゃ…

実野水族館
ドルンッ
ザッ
お待《ま》ちしておりましたマリク様《さま》…
城之内《やつ》はこの中《なか》に…
わかってる……
千年錫杖《せんねんロッド》……!
この千年《せんねん》アイテムは相手《あいて》に触《ふ》れれば簡単《かんたん》に洗脳《せんのう》することができる…
ゴゴゴ
クク
すぐにボクの手駒《てごま》にしてやるよ城之内《じょうのうち》…

20迫《せま》り来《く》る神《かみ》!!(完《かん》)

■ジャンプ・コミックス

遊☆戯☆王

20 迫りくる神!!

2000年9月9日　第1刷発行

著者　高橋和希
©Kazuki Takahashi 2000

編集　ホーム社
東京都千代田区一ツ橋2丁目5番10号
〒101-8050
電話　東京　03(5211)2651

発行人　山下秀樹

発行所　株式会社　集英社
東京都千代田区一ツ橋2丁目5番10号
〒101-8050
03(3230)6233(編集)
電話　東京　03(3230)6191(販売)
03(3230)6076(制作)
Printed in Japan

印刷所　大日本印刷株式会社

ISBN4-08-873008-9 C9979